자신을 믿어 봐!

긍정적이고 자신감 있는 어린이를 위한 감정 워크북

명랑한 책방

자신을 믿어 봐!

: 긍정적이고 자신감 있는 어린이를 위한 감정 워크북

초판 1쇄 인쇄 2023년 3월 2일
초판 2쇄 발행 2024년 7월 15일

글 샤리 쿰스 | **그림** 엘리 오셰어 | **옮김** 공은주 | **편집** 신대리라
부모 가이드북 글 이다랑

펴낸이 공은주 | **펴낸곳** 명랑한 책방
출판등록 2017년 4월 21일 제 2017-000011호
전화 010-5904-0494 | **팩스** 050-7993-9948 | **이메일** thejollybooks@gmail.com
인스타그램 jolly.books.official | **웹사이트** smartstore.naver.com/jollybooks

ISBN 979-11-91568-10-3(74180)
ISBN 979-11-965164-6-8 (세트)

Mindful Kids: Be Positive!
© 2020 Studio Press

Written by Dr. Sharie Coombes
Illustrated by Ellie O'shea

All rights reserved.
First published in the UK in 2020 by Studio Press, an imprint of Bonnier Books UK,
The Plaza, 535 King's Road, London SW10 0SZ Owned by Bonnier Books.
This Korean edition was published by Jolly Books in 2023 by arrangement with Studio Press, an imprint of Bonnier Books UK.

이 책의 한국어판 저작권은 저작권자와 독점 계약한 명랑한 책방에 있습니다.
저작권법에 따라 한국에서 보호를 받는 저작물이므로 무단 전재와 무단 복제를 금지합니다.
잘못된 책은 구입하신 서점에서 교환해 드립니다.

자신을 밀어 봐!

이 책은 긍정적이고 자신감 있는 _____ 의 것입니다.

명랑한 책방

이 책을 읽는 친구들에게

지은이
샤리 쿰스 박사
아동&가족 심리상담가

아마 주변의 기대에 미치지 못하거나 실망하게 할까 봐 두려웠던 적이 있을 거예요. 그럴 땐 이 워크북이 도움이 된답니다. 고민거리에 대해 생각하고 또 이야기하면서 내가 얼마나 멋진 사람인지 깨달을 수 있거든요. 또 멋지게 성장하는 자신을 만날 수도 있어요.

책 속의 활동은 여러분이 더 긍정적이고, 자신감 있는 사람이 되도록 도와준답니다. 어떻게 부정적인 감정을 이해하고 조절하는지, 그리고 자존감과 자신감이 무엇이고 어떻게 키울 수 있는지 알려주지요. 물론 걱정거리를 나누는 방법에 대해서도요.

아무런 방해도 받지 않고 집중할 수 있는, 조용하고 편안한 공간에 앉아 책을 펼치세요. 순서에 상관없이 여러분이 하고 싶은 활동부터 시작해도 좋아요. 하루에 한 장씩 해도 좋고, 하고 싶은 만큼 한 번에 다 해도 좋답니다. 마음에 드는 활동을 반복해서 하는 것도 재미있을 거예요. 워크북을 하는 동안에 여러분을 방해할 규칙 따위는 전혀 없다는 걸 잊지 마세요.

내가 할 수 있는 일이 하나도 없고 모든 것이 답답하게만 느껴질 때가 있을 거예요. 그 어떤 것도 도움이 되지 않을 만큼 힘들 때도 있겠지요. 하지만 분명한 건, 우린 해결 방법을 찾을 수 있다는 거예요. 겉보기에는 어려워 보여도 사실은 그렇지 않아요. 얼마든지 해결할 수 있답니다.

가족, 친구, 선생님처럼 믿을 수 있는 사람과 책 속의 활동을 함께 해도 좋아요. 지금 내 기분은 어떤지, 무엇 때문에 화가 나고 슬픈지 좀 더 자연스럽게 표현할 수 있을 거예요. 혼자 끙끙대지 말고 다른 사람과 고민을 나누다 보면 더 쉽게 해결 방법을 더 쉽게 찾을 수도 있답니다.

고민을 들어줄 누군가가 필요할 때, 도움이 될 만한 단체를 소개해 줄게요. 다양한 문제에서 수많은 또래 친구들을 도왔기 때문에 여러분의 고민을 해결할 방법을 찾을 수 있을 거예요. 또 아무리 사소한 일이라도 함께 공감하며 여러분을 도와줄 거랍니다.

위(Wee) 클래스

학교 안에 설치된 상담실로 다양한 고민을 상담 선생님과 함께 나눌 수 있는 소통 공간이에요. 초등학생이라면 누구나 무료로 평일(월~금) 9시~18시에 이용할 수 있어요. wee.go.kr에서 비공개 온라인 상담도 받을 수 있어요.

1388 청소년 사이버 상담센터

학업과 진로, 친구 관계, 가족 문제, 학교 폭력 등 다양한 고민을 직접 전문상담사와 상담할 수 있어요. 만 9세 이상 청소년과 그 부모라면 누구나 무료로 이용할 수 있어요.

* 전화 상담: (휴대 전화) 지역 번호+1388
* 온라인 상담: cyber1388.kr에서 게시판 상담 혹은 1:1 채팅 상담 가능
* 카카오톡 상담: 카카오톡 플러스 친구에서 #1388과 친구 맺기 후 상담 가능
* 문자 상담: #1388로 고민 전송

'다들어줄개' 청소년 모바일 상담 센터

여러분의 고민을 듣고 다독여 줄 '다들어줄개' 상담 선생님이 365일 24시간 기다리고 있어요. 가족이나 친구, 선생님에게도 말 못 할 고민이 있다면, 아래의 방법으로 무료 상담을 받아 보세요. (teentalk.or.kr)

* 앱 상담: '다들어줄개' 애플리케이션에서 회원가입 후 상담 가능
* 카카오톡 상담: '다들어줄개' 플러스친구 추가 후 상담 가능
* 문자 상담: 1661-5004번으로 고민 전송

매일 용기와 지혜가 쑥쑥 자라!

자란다는 건 정말 신이 나!

나와 세상에 대한 새로운 사실을 매일 배우고 발견할 수 있어. 전에 하지 못했던 새로운 일에도 도전할 수 있지.

자라는 건 때론 힘들어. 가족과 친구, 선생님이 더 많은 걸 요구할 거야. 하지만 그만큼 더 자라고 용감해지고 강해지고 똑똑해질 거란다. 네 속도에 맞춰, 너만의 방식으로 말이야. 친구들도 마찬가지야. 네 친구는 너와는 다른, 저마다의 강점과 재능을 키우게 될 거야.

우리가 보고 느끼고 생각하는 매 순간, 뇌에서는 10억분의 1초마다 감정이 뿜어져 나와. 우리가 엄청나게 다양한 감정을 느끼는 이유지. 때로는 슬픔, 분노, 좌절, 걱정과 같은 부정적인 감정도 느끼게 돼. 이때는 자신이 느끼는 감정을 깨닫고, 왜 그런 기분이 드는지 알아차리는 것이 중요해. 자신을 너그럽게 대하고, 부정적 감정이 마음에 너무 오래 머물지 않도록 해야 한단다.

모든 것을 다 잘하는 사람은 없어.
늘 완벽하거나 긍정적일 수도 없지. 이건 분명한 사실이야.

책 속에 '생각해 봐'를 주의 깊게 살펴봐. 더 깊이 생각하거나 다른 사람과 이야기를 나눌 시작점이 될 거야.

긍정적인 마음가짐과 함께 자라는 것

 자존감
 자신감
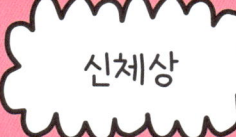 신체상
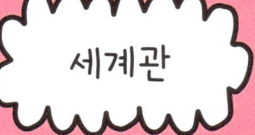 세계관

매일 자라는 몸을 따라잡으려고 뇌도 열심히 일하고 있어. 그래서 때로는 어색하거나 불편한 느낌이 들기도 해. 또 너 자신과 세상을 바라보는 방식에 영향을 주기도 한단다. 자신감이 사라지고 스스로에 대한 확신을 잃기도 해. 하지만 걱정하지 마. 너만 그런 건 아니니까.

우리를 둘러싼 '긍정적인 것'들과 계속 마주하다 보면, 우리 뇌는 '긍정적인 마음가짐'과 더 자주 연결될 수 있어. 이 책에 나와 있는 여러 방법들이 분명 도움이 될 거야!

자신감 넘치는 넌 얼마나 멋질까!

넌 이미 충분한 힘을 갖고 있어!

숫자를 쓰고 카운트다운을 시작해!

지금, 나는 어떤 상태일까?

자존감, 자신감, 신체상, 세계관
앞으로 네가 자주 보게 될 단어야.
무슨 뜻인지 읽고, 지금의 너는 긍정적인지, 부정적인지,
아니면 중간 어디쯤인지 배터리에 표시해 봐.
왼쪽부터 색칠하면 돼.

자존감

"내가 내 마음에 든다."
스스로 있는 그대로의 나를 가치 있는 존재로 여기며 존중하는 마음

부정적
난 형편 없어. 잘하는 일 하나 없이 늘 실수만 해.

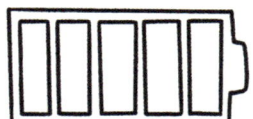

긍정적
가끔 실수할 때도 있지만, 끊임없이 배우고 노력하고 있어.

자신감

"나는 해낼 수 있는 사람이다."
내가 가진 능력에 대한 믿음

부정적
새로운 것에 도전하는 건 두려워.

긍정적
새로운 것에 도전하는 건 늘 즐거워.

신체상

나의 신체에 대하여 스스로 갖는 감정과 만족의 정도

부정적  **긍정적**
난 예쁘지 않고 몸매도 별로야.   이 옷, 나한테 정말 잘 어울리는걸!

세계관

나의 삶과 날 둘러싼 세계를 바라보고 이해하는 방식

부정적 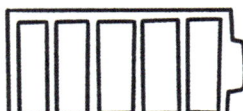 **긍정적**
난 결국 질 거야.   최선을 다하면, 이길 수 있어.

잊지 마! 긍정의 힘은 얼마든지 기를 수 있어.
네가 가진 힘이 점점 커질 때마다 배터리를 채워 보자.
더 빠르게 기를 수 있도록 이 책이 도와줄 거야.

감정과 나의 몸

부정적인 감정 때문에
몸에 변화가 일어나기도 해.
그때 어떤 기분이 들었고
어떤 변화가 있었는지 표현해 봐.
예로 든 단어를 쓰거나
너만의 감정을 만들어 표현해 보자.

자꾸만 부정적인 생각이 들고 자신감도 없을 때,
뭔가 어려운 일을 해야 했던 경험이 있니?
어떤 일이었어?

약 오르는   조마조마   심장이 쿵쿵   샘이 나는   어질어질

축축한

초조한

우지러운

신경질 나는

편치 않은

부끄러운

떨리는

무서운

약한

우울한

우리 몸은 이런
까다로운 느낌을
부정적으로 느끼곤 해.

긍정 회로를
다시 연결해 보자!

외로운   땀나는   추운   어색한   긴장되는

왠지 좋은 예감이 들고 자신감도 넘칠 때, 뭔가 어려운 일을 해야 했던 경험이 있니? 어떤 일이었어?

_____

_____

그때 어떤 기분이 들었고 어떤 변화가 있었는지 표현해 봐. 예로 든 단어를 쓰거나 너만의 감정을 만들어 표현해 보자.

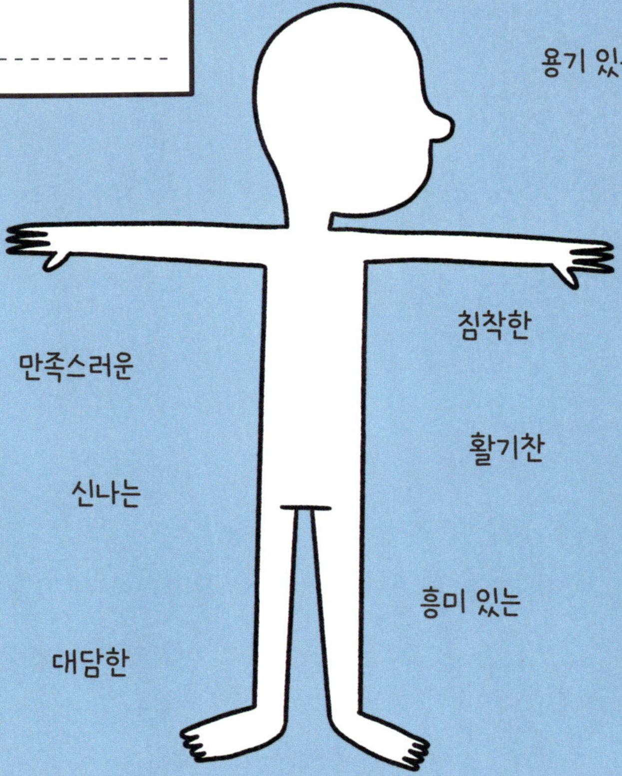

용기 있는

행복한

만족스러운

평온한

안정된

침착한

궁금한

자신감 있는

만족스러운

피식피식

활기찬

신나는

설레는

뿌듯한

짜릿한

흥미 있는

자랑스러운

가슴이 벅찬

대담한

즐거운

왼쪽 그림을 보며 그때의 감정과 느낌을 다시 떠올려 봐. 이번에는 오른쪽 그림을 보면서 그때의 상황과 감정을 생각해 봐. 자신감이 들 때까지 계속 반복해.

정말 잘했어! 바로 지금, 뇌가 긍정 회로에 연결된 거야! 한번 해 봤으니 다음엔 더 쉽게 할 수 있겠지?

생각해 봐!

자신감이 생겼을 때 넌 어떻게 달라졌니? 어떤 일을 하거나 특별한 상황을 마주했을 때, 자신감은 어떤 영향을 미칠까? 친구나 부모님에게 이야기하거나 글로 적어 봐.

마음의 창, 눈

눈은 마음의 창이라고도 해.
우리가 누구인지, 또 지금 기분은 어떤지 보여 줘.
사람들의 눈이 모두 다르게 생겼다는 걸 알고 있니?
거울에 비친 네 눈을 한번 자세히 봐.

눈의 색깔과 모양, 무늬, 속눈썹은 어떻게 생겼니? 또 생기있게 반짝이니?
네 눈을 그리고 색칠해 볼까?

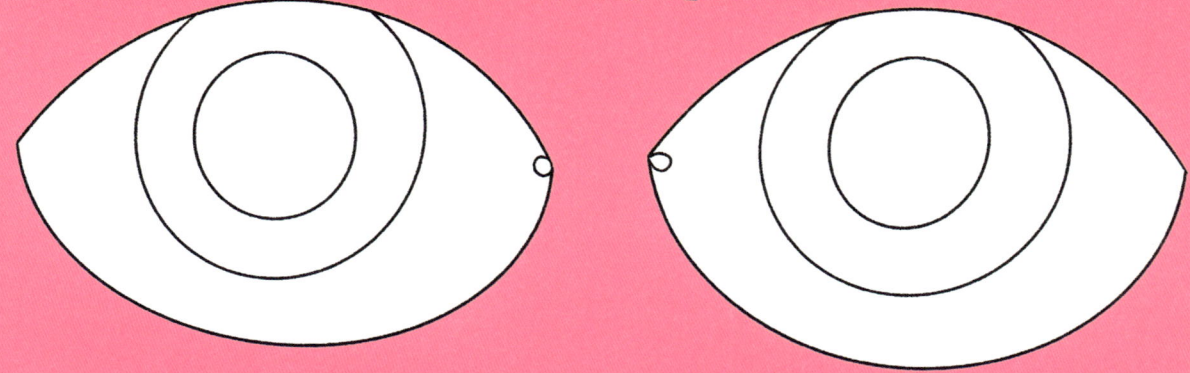

우리는 눈맞춤을 통해 '내가 존재한다'고 느껴. 이해받는다는 느낌도 들지.

가족이나 친구 앞에 앉아 눈을 맞추고 천천히 관찰해.
아주 세밀한 부분까지 살펴보고 그림으로 그려 보자. 사진을 보고 해도 좋아.

눈을 보고 상대방의 기분을 알아챌 수 있겠니?

자신감 뿜뿜 선글라스

선글라스를 마음대로 색칠해 줘.
이 선글라스는 부정적인 것들로부터
우리 마음을 지켜주고 자신감을 높여줄 거야.

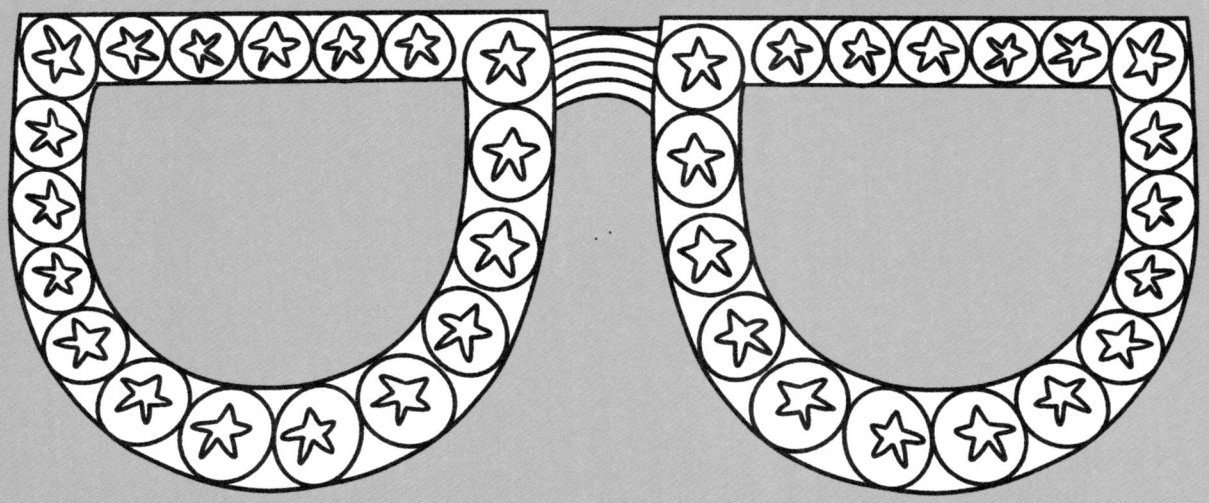

먼저 선을 따라
오린 다음,

렌즈 부분을
칼이나 가위로 뚫어.

도움이 필요하면
어른에게 부탁하렴.

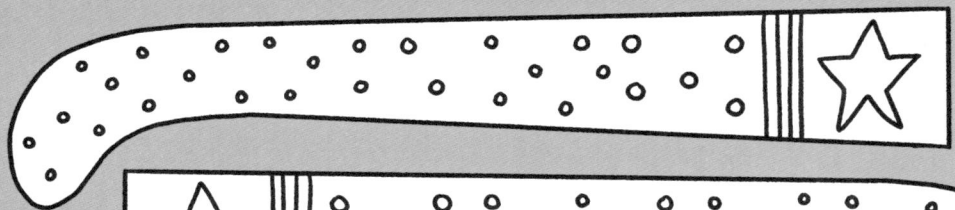

선글라스 다리를
테이프로 붙여 줘.

아주 우울했을 때를 떠올려 봐.
세상이 어떻게 보였니? 만약 이 선글라스를 쓰고
그때로 돌아간다면 어떨까?
여전히 엉망일까 아니면 생각이나 행동이 바뀔까?

우울한 기분이 들 때면,
이 선글라스를 쓰고 자신감 넘치는
네 모습을 상상해 봐!

경험과 변화

최근에 겪은 크고 작은 변화에는
어떤 것들이 있니?

네가 겪은 일들을 아래에 적고,
부정적인 변화는 **마이너스** 에,
긍정적인 변화는 **플러스** 에 색칠해.
만일 둘 다라면 양쪽에 모두 색칠하고.

집

학교

물건을
잃어버림

누군가와
헤어짐

반려동물

교실

아끼는
신발이 작아짐

방과 후 활동

친구

긍정적

긍정적인 변화 중 하나를 골라,
그 일 덕분에 좋아진 점은
무엇인지 이야기해 줘.

이번엔 부정적인 변화 중 하나를 골라,
어떻게 하면 상황을 뒤집어
긍정적으로 볼 수 있을지 생각해 봐.
네게 어떤 도움이 필요하고,
또 누가 도울 수 있을까?

부정적

특별하고 멋진 너!

친구나 가족에게 너의 특별한 점은 무엇인지 물어보고, 아래에 적어 봐.

이어서 네 생각도 적어 봐.

세계관

네 눈 앞에 펼쳐진 세상은 어떻게 보이니?

마음껏 색칠해 너만의 세상을 만들어 봐.

생각해 봐!

세계를 보는 방법 즉, 세계관은 다양한 것으로부터 영향을 받아.

- 너와 가까운 가족의 세계관
- 네가 보고 느낀 여러 경험
- 네가 자란 문화적 배경
- 가까운 사이의 사람들

이게 바로 나!

세상에 보여 주고 싶은 네 모습을 그려 봐!

정말 좋아하는 일을 하고 있을지도 모르고, 웃긴 자세를 취하고 있을지도 몰라.

있는 모습 그대로를 마주할 때 얼마나 좋은 감정이 드는지 느껴 봐.

다른 사람들에게 어떤 말을 듣고 싶니?
한번 적어 봐.

너그러운 마음

부정적인 일들이 자꾸 떠오르니?

이미 일어난 일에 대해 자책하고 있니?

충분히 잘했다고 느낀 적이 별로 없니?

좋은 대우를 받을 자격이 없다고 느끼니?

그렇다면 너 자신을
너그럽게 대하는 법을 배워야만 해!

자신에게 너그러울수록 우리는
긍정적인 것에 더 집중할 수 있어.
다른 시각으로 세상을 바라볼 수도 있지.
한번 시험해 보라고!

오늘은 정말 힘든 하루야.

난 ------------------ 를 정말 못해.

난 나의 ------------------ 가 싫어.

오늘 친구가 놀러 오기로 했어.

난 ------------------ 를 정말 잘해.

난 나의 ------------------ 가 좋아.

부정적인 생각은
너그러운 마음으로 물리치자!

자신에게 너그러워질수록, 우리 뇌는 앞으로 만날
긍정적인 일들을 더 쉽게 알아차리도록 바뀌어.
그러니 계속 연습하는 게 좋겠지?

작은 행운의 별

지금까지 감사한 일들, 고마운 사람들을 행운의 별 안에 적어 봐.

생각한 대로 되지 않을 때도 있고, 세상이 불공평하게 느껴질 때도 있어. 하지만 긍정적인 마음과 널 믿는 사람들이 있다면, 언제든 자신 있고 행복한 네가 될 수 있어!

우주여행

도전해 볼래?

연필을 종이에서 떼지 말고,
단 하나의 선만 그어서 로켓을 우주로 날려 줘.
여행의 끝은 네가 정해도 좋아.

보너스! 로켓을 모두 날렸다면, 방금 네가 만든 멋진 길을 색칠해 봐.

별까지
두 팔 번쩍!

일이 내 맘처럼 되지 않을 때, 자신감이 필요할 때,
두 팔을 하늘 높이 쭉 뻗어 봐. 반짝이는 별까지 닿도록 말이야.
어느새 몸이 가뿐해지고 마음은 긍정적으로 변할 거야.
좋아하는 음악에 맞춰 신나게 움직여 볼까?

스타버스트

두 팔을 머리 위로 쭉 뻗고
주먹을 꽉 쥐어.
주먹을 아주 빠르게 30번 쥐었다 펴.
두 손을 동시에 하거나
번갈아 가면서 해.

스타 턴

다리를 어깨너비만큼 벌리고 두 팔을
머리 위로 쭉 뻗은 다음, 몸을 별 모양으로 만들어.
허리를 숙이며 오른손을 왼발 위에 두었다가
제자리로 돌아와.
다시 왼손을 오른발 위에 두었다
제자리로 돌아오면 돼.
1분 동안 반복해 볼까?

스타 점프

두 팔과 두 다리를 뻗어
별 모양으로 선 다음,
그대로 높이 뛰어 봐.
내려올 때는 두 발을 모으고
두 손은 허리 위에 둔 채로
착지해야 해.

2분 동안 반복해 봐.

각 동작을 할 때마다 표시해.

스타버스트									
스타 턴									
스타 점프									

외계인 친구

이 외계인은 아주 먼 곳에서 왔어.
지구의 모든 게 낯설고 이상해 보인대.
외계인 친구를 색칠하고
같이 놀 친구들을 그려 줄래?

사람들은 너의 어떤 점 때문에 너와 친구가 되고 싶을까?

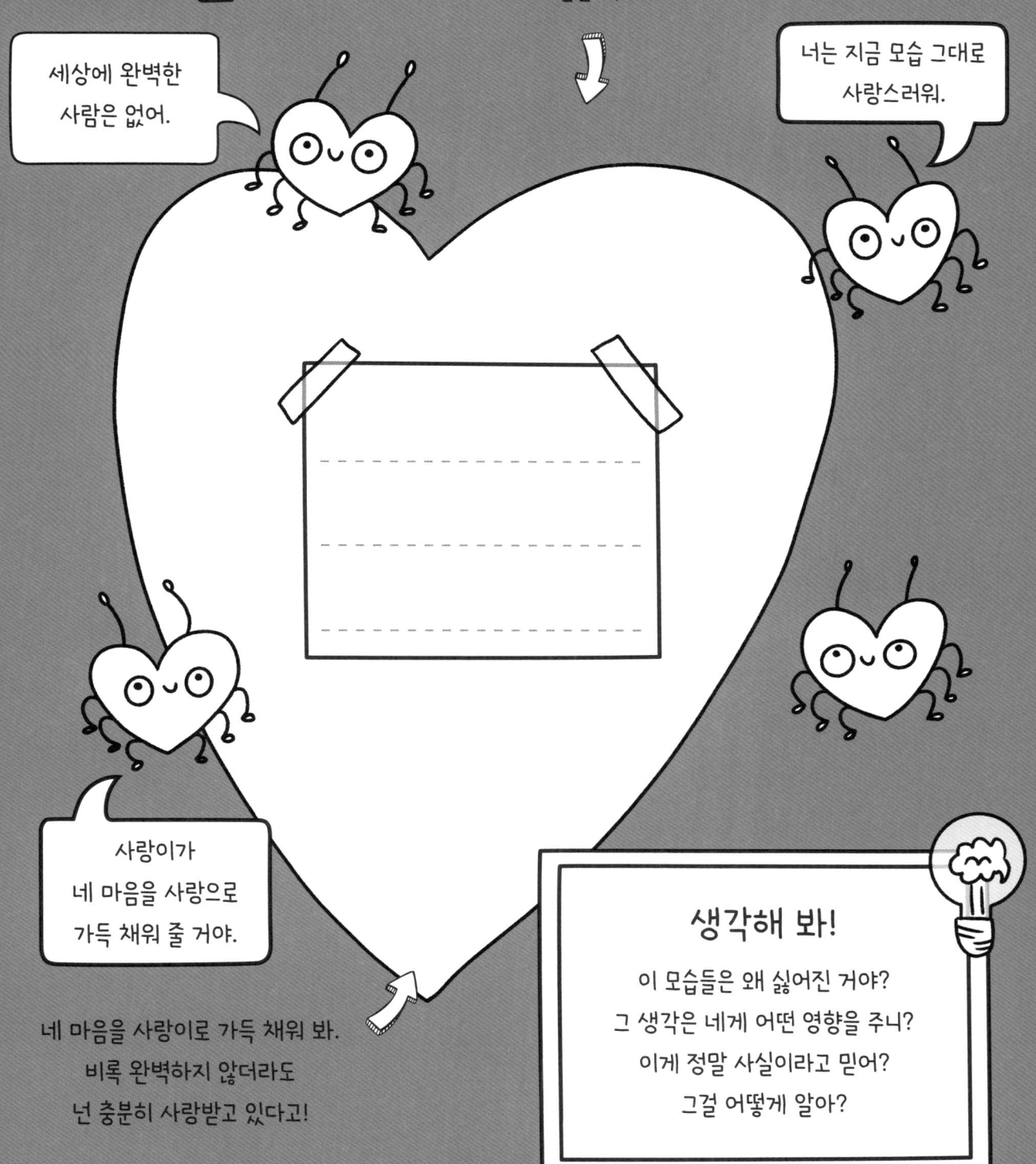

실수 로켓 발사

우리는 실수를 통해 더 빠르게 배우고, 성장할 수 있어. 마치 로켓처럼 말이야.

우리를 더 단단하게 만들어 준 실수를 로켓에 적어 봐.
로켓이 부족하면 더 그려도 좋아.

중요한 일을 까먹은 적이 있어.
↓
좀 더 계획적인 사람이 되었지.

긍정 호흡법

부정적인 생각을
재빨리 긍정적으로 바꾸고 싶다면
아래 방법으로 호흡해. 자신감이 생길 거야.

진짜냐고? 한번 해 봐! 깜짝 놀랄걸?

이 운동은 언제 어디서나 할 수 있어.
가장 좋은 점은, 네가 호흡 운동을 한다는 걸
아무도 모른다는 거야.
몰래 자신감을 높이고 싶을 때, 꼭 해 봐.

3:5 호흡법

눈을 감아도 좋고
감지 않아도 괜찮아.

편안하게 앉아.

숨을 들이쉬고 내쉬며
호흡을 느껴 봐.

부드럽게 호흡하며,
3초 동안 숨을 깊게 들이마시고
5초 동안 천천히 내뱉어.

하고 싶은 만큼, 기분이 좋아질 때까지 계속해 봐.

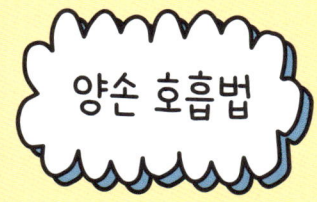 **양손 호흡법**

조용하고 차분한 곳에 누워.

눈을 감은 다음, 아주 평온하고 아름다운 곳에 있는 네 모습을 떠올려 봐.

천천히, 숨을 깊게 들이마시고 내쉬어.

이제 손에 모든 정신을 집중하고, 손을 따뜻하게 만든다고 상상해 봐.

손이 정말 따뜻해지는 걸 느낄 수 있어.

여러 번 반복한 다음, 따뜻한 기운이 팔과 배로 퍼져나가도록 해 봐. 긍정의 힘과 자신감이 느껴질 거야.

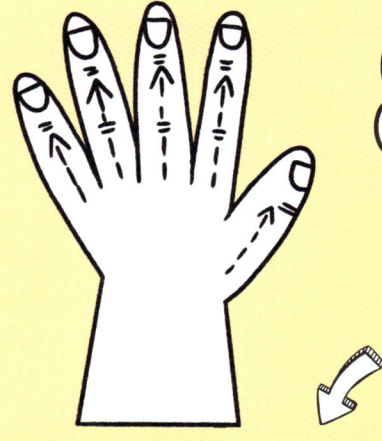  **손가락 호흡법**

정말 간단한 방법이야. 손을 무릎 위나 탁자 위에 올려놔.

숨을 들이마시고 내쉬는 것에 집중해. 종이에 손을 그려서 해도 좋아.

한 손의 검지를 다른 손 엄지손가락 아래쪽 마디에 대고 천천히 따라 올라가며 숨을 들이마셔. 손가락 끝에서 잠시 호흡을 멈춘 다음, 다시 내쉬면서 아래로 내려가.

 반대쪽 손도 똑같이 해 줘. 부드럽게 호흡하는 것도 잊지 말고.

손과 호흡에 모든 정신을 집중하면서 여섯 번 반복해.

모두 나야

나에 대해 느끼고 생각하고 믿는 대로
문장을 완성해 봐.

네 외모나 능력이 어떻든,
넌 이미 멋지고 훌륭해!

나는 _____ 이/가 두려워.

나는 _____ 에 타고난 재능이 있어.

나는 _____ 을/를 참을 수 없어.

나는 _____ 에게 사랑받고 있어.

나는 _____ 때 기분이 좋아.

나는 _____ 에 흥미가 있어.

나는 _____ 때 답답하고 짜증이 나.

나는 _____ 을/를 믿지 않아.

나는 _____ 을/를 잘해.

나는 _____ 을/를 걱정해.

자랑스러운 점은 _____ 야.

더 적고 싶은 생각이나 느낌, 믿음이 있다면 빈 곳이나 종이를 활용해.

내 자존감은 몇 점?

자존감으로 향하는 문이야.
문마다 0점~7점까지 점수를 매겨 봐.
열기 쉬운 문과 열기 힘든 문은 각각 어떤 문이니?

나는 나 자신을 믿어.

나는 행복할 자격이 있어.

내가 무엇을 잘하는지 말할 수 있어.

나는 친구와 가족에게 중요한 사람이야.

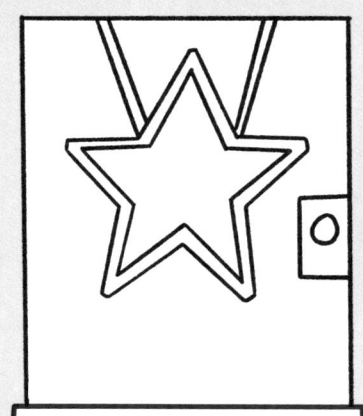
내가 할 수 있는 일들이 있어서 뿌듯해.

사람들은 내 생각에 귀 기울여 줘.

친구나 가족의 자존감 점수도 확인해 봐.

책의 다양한 활동들을 하고 나서 점수가 어떻게 변하는지 살펴봐.
만일 점수가 낮다면 어떻게 올릴 수 있을지 부모님과 이야기할 수 있어.

틀려도 괜찮아

여기에 일부러 실수를 해 봐.

어때? 실수한다고 큰일이 일어나는 건 아니지?
실수해도 괜찮은 거라고!

3 + 3 = 8

긍정적으로 생각하자

틀려도 갠차나

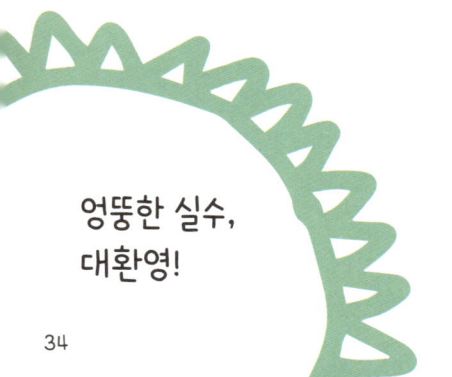

엉뚱한 실수, 대환영!

친구들이 과연 실수를 찾아낼 수 있을지 보여 줘!
혹시 찾더라도 고치지 마.

별처럼 빛나는 너

우리 뇌에는 별 모양의 세포가 있어.
그러니 이미 넌 있는 그대로 별인 거야.

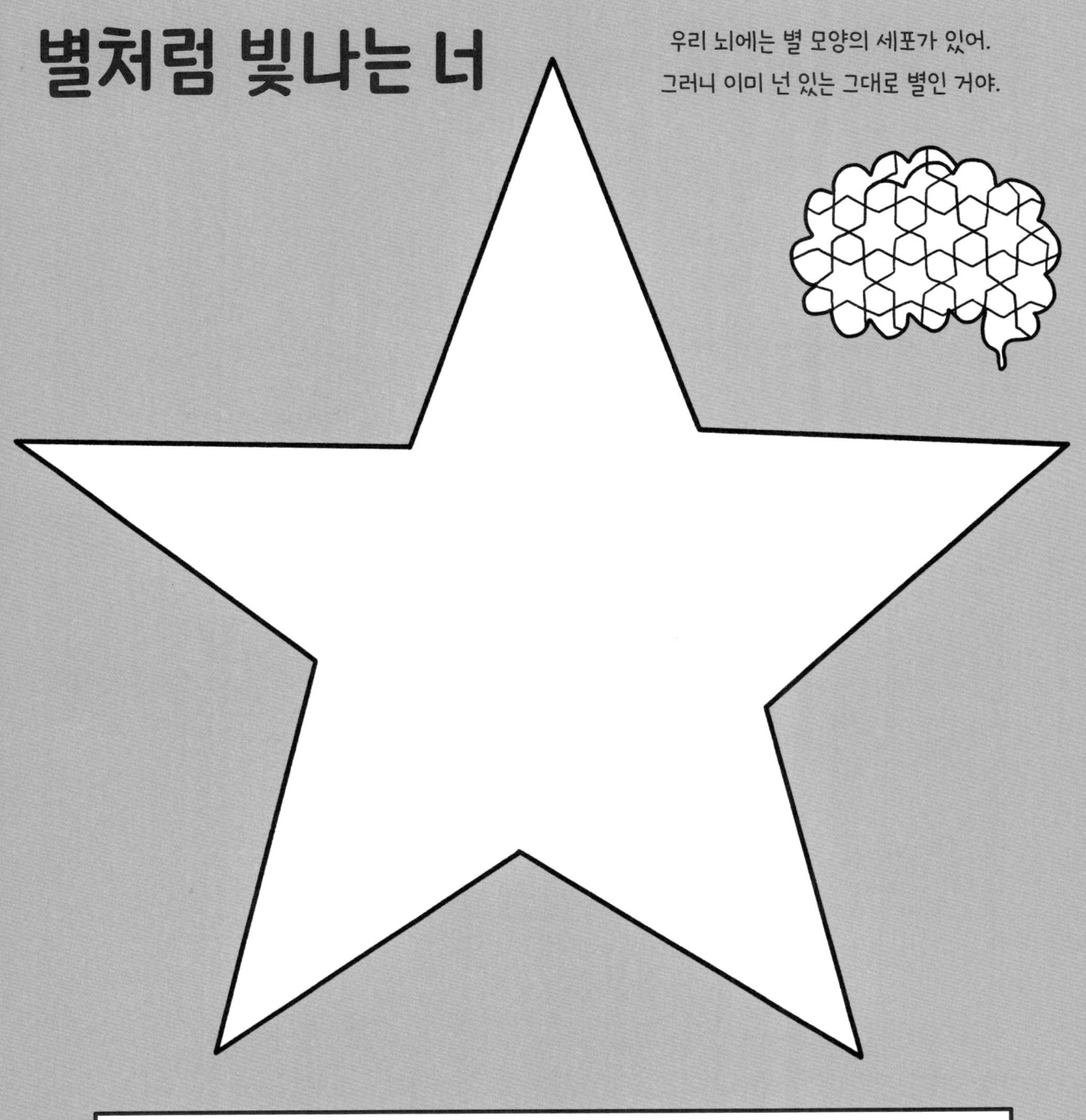

너에 대한 사실이나 그동안 이룬 자랑스러운 일을 별 안에 적어.
색칠하고 무늬도 그리면 더 멋질 거야.

즐거운 유리병

즐거운 기분을 오래 간직하고 싶을 때가 있지?
그럴 땐 즐거운 유리병을 만들어 봐.

준비물
뚜껑 있는 유리병, 종잇조각들, 펜, 풀, 스티커, 잡지 속 사진들,
단추, 스팽글 등 유리병을 멋지게 꾸미고 싶은 무엇이든!

세상엔 아름다운 것들이
정말 많아.

앞으로 더 멋진 일들이 펼쳐질 거야.

난 할 수 있고, 해내고 말 거야!

앞으로 만날
행복한 날들

난 사랑받고 있어.

즐거움을 주는 말 31개를 적어 봐.
친구나 가족의 도움을 받아도 좋아.
다 적으면 종이를 접어서 유리병에 넣어.

별로 웃을 일도 없고 우울한 날엔
종이를 하나씩 꺼내서 큰 소리로
세 번 읽어 봐.

매일 아침, 종이를 꺼내 가족과 함께 읽어 봐. 매일
반복하다 보면 어느새 뇌가 긍정 회로에 연결되어 있을 거야.

진짜 내 모습

빈칸을 채우며 넌 언제 어떤 기분을 느끼는지,
무엇을 하는지, 진짜 네 모습은 어떤지 보여 줘!
다 하고 나면 네가 믿는 사람들에게 보여줘도 괜찮아.

날 미소 짓게 하는 것:
_____

날 답답하게 하는 것:
_____

날 깔깔 웃게 하는 것:
_____

날 울게 하는 것:
_____

날 즐겁게 하는 것:
_____

날 분노하게 하는 것:
_____

날 행복하게 하는 것:
_____

날 슬프게 하는 것:
_____

이 이름을 기억해!

함께 있을 때 기분이 정말 좋은 사람이 있다면,
그 사람과 가능한 많은 시간을 보내렴!

함께 있으면 힘이 나고
기분이 좋아지는 사람들을 액자에 그려 봐.

그림 아래에 이름을 쓰고
좋은 점도 적어 줘.

가족, 친구, 방과 후 활동 등에서 만난, 네가 아는 모든 사람을 떠올려 봐. 반려동물도 좋아!

네가 긍정적인 마음을 가질 수 있게 도와준 이에게 감사 편지를 써 보자.

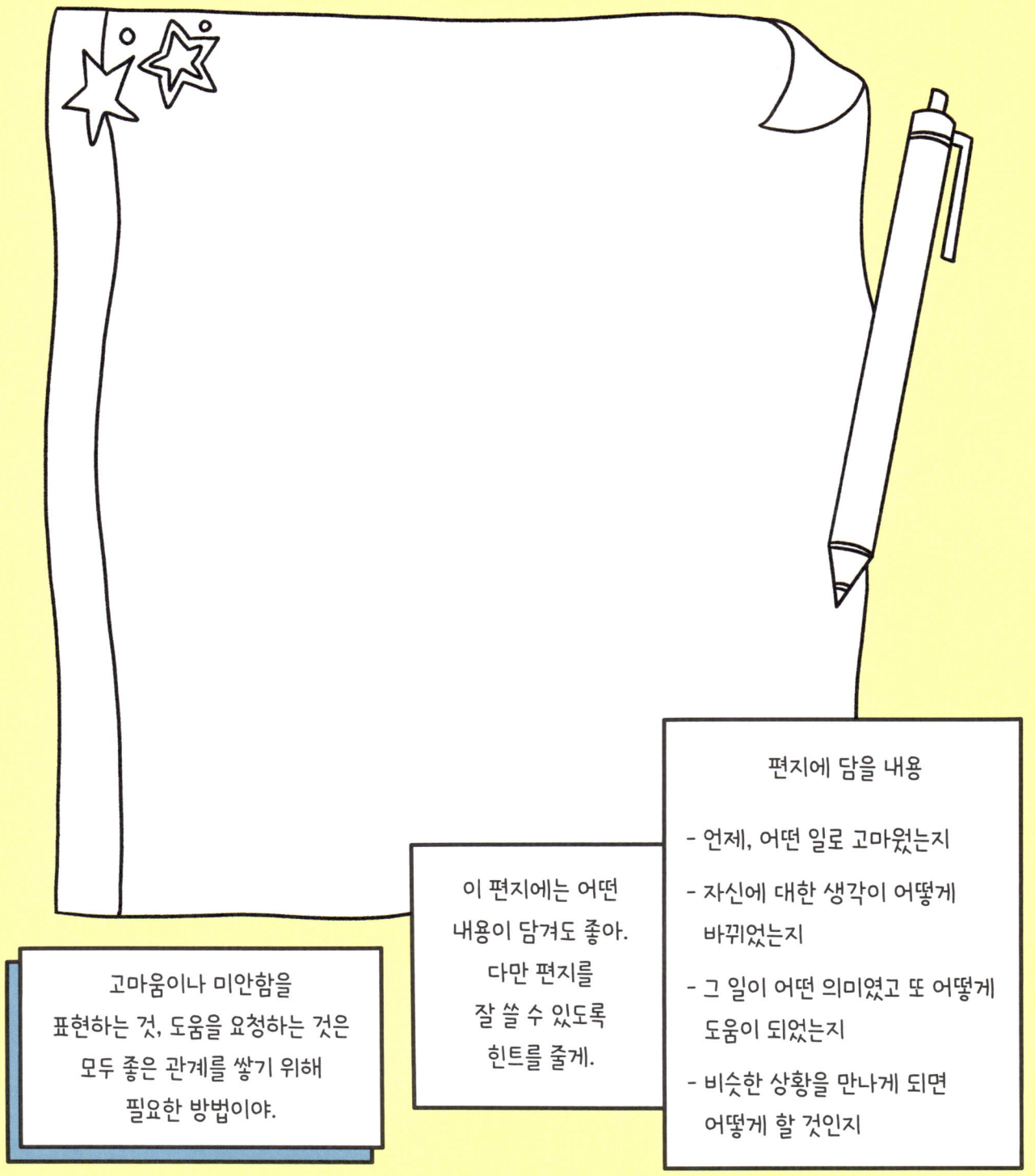

고마움이나 미안함을 표현하는 것, 도움을 요청하는 것은 모두 좋은 관계를 쌓기 위해 필요한 방법이야.

이 편지에는 어떤 내용이 담겨도 좋아. 다만 편지를 잘 쓸 수 있도록 힌트를 줄게.

편지에 담을 내용

- 언제, 어떤 일로 고마웠는지
- 자신에 대한 생각이 어떻게 바뀌었는지
- 그 일이 어떤 의미였고 또 어떻게 도움이 되었는지
- 비슷한 상황을 만나게 되면 어떻게 할 것인지

긍정의 옷 입기

어떤 말은 듣기만 해도
긍정의 힘이 솟아.

이 옷을 색칠하고 읽으면서,
각 단어의 생김새와 소리를 느껴 봐.
그에 따라 네 기분은 어떻게
변하는지도 느껴 봐.

친절하다
희망차다
평화롭다
힘이 넘친다
행복하다
친구들
편안하다

신나
든든하다
자랑스럽다
뿌듯하다
고마워
즐거워

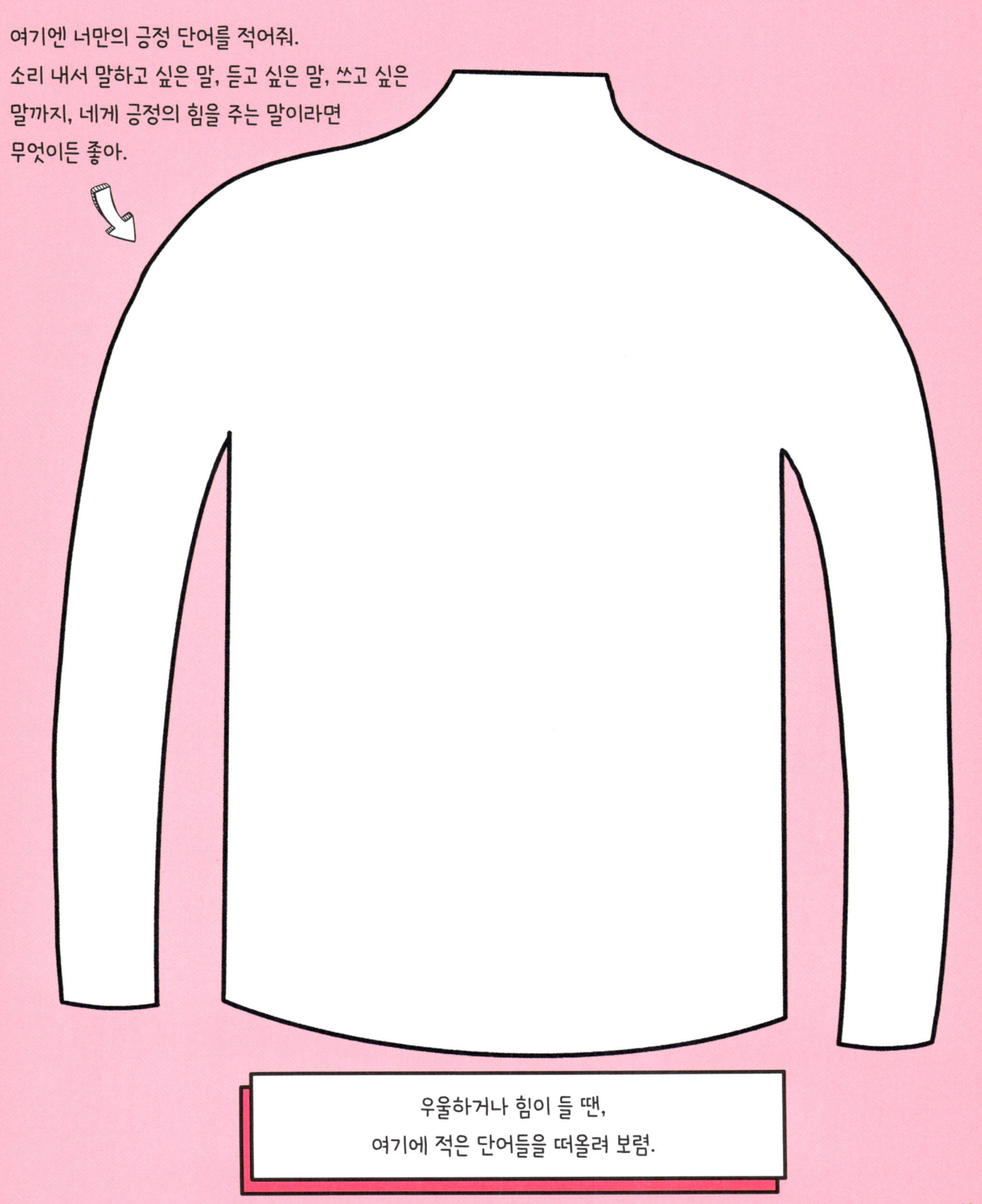

여기엔 너만의 긍정 단어를 적어줘.
소리 내서 말하고 싶은 말, 듣고 싶은 말, 쓰고 싶은 말까지, 네게 긍정의 힘을 주는 말이라면 무엇이든 좋아.

우울하거나 힘이 들 땐,
여기에 적은 단어들을 떠올려 보렴.

계속 떠올리기

아주 긍정적이고 자신감에 차 있던 네 모습을 아래 적거나 그려 봐.

그때 어떤 생각을 했었니?

이 활동은 우리의 뇌를 **긍정 회로**로 재연결해 주지!

네 자신감 찬 모습을 알아챈 사람은 누구야?

그때 넌 어떻게 행동할 수 있었어?

지금은 왜 그때처럼 느끼고 행동하지 못할까?

무엇 때문에 긍정적인 마음이 사라졌을까?

그때처럼 다시 긍정적인 마음을 가지려면 어떤 도움이 필요할까?

자신감이 떨어지거나 자신에 대한 믿음이 사라질 때마다, 여기 적은 걸 보고 다시 기운을 얻으렴.

이게 모두 너야!

그동안 친구나 가족 또는 주변 어른들에게서 들은 칭찬이 있니?
성격이나 행동, 외모, 잘하는 것 등 어떤 것이든 좋아.
여기에 적어 봐!

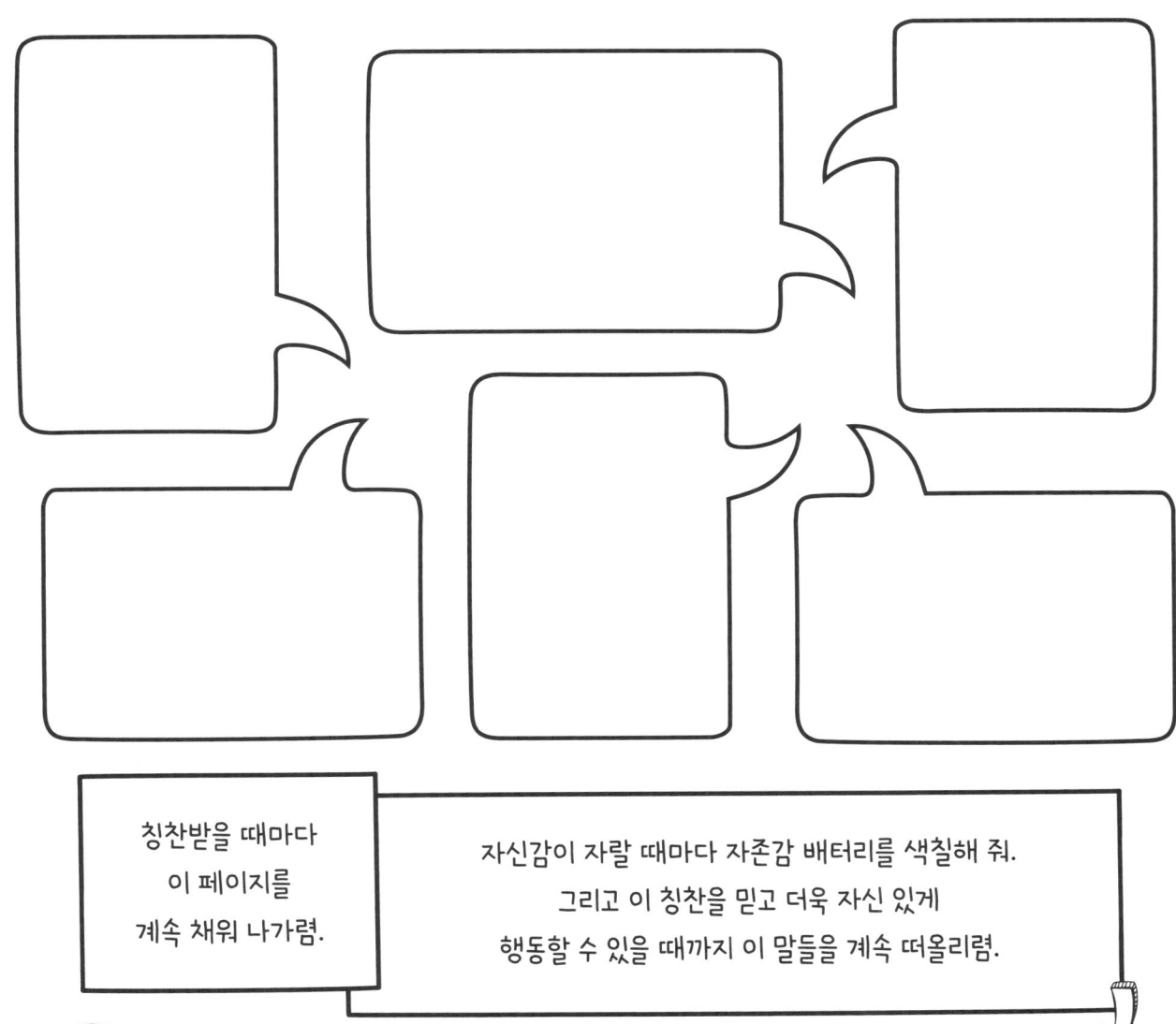

칭찬받을 때마다
이 페이지를
계속 채워 나가렴.

자신감이 자랄 때마다 자존감 배터리를 색칠해 줘.
그리고 이 칭찬을 믿고 더욱 자신 있게
행동할 수 있을 때까지 이 말들을 계속 떠올리렴.

생각해 봐!
이 칭찬 중 네게 가장 의미 있는 것은 뭐야?

긍정의 조약돌

준비물
- 조약돌
- 액체 세제
- 따뜻한 물
- 책이나 잡지 속 단어들
- 키친타월
- 가위
- 테이프
- 바니시 (선택 사항)

난 혼자가 아니야

난 사랑받고 있어

조약돌 몇 개를 준비해. 밖에서 주워도 좋고, 가게에서 사도 좋아.

조약돌을 깨끗이 닦고 물기가 남지 않게 잘 말려.

난 나를 믿어

긍정적으로 생각하자

잡지나 책에서 힘이 되는 말이나 긍정적인 단어들을 찾아봐. 너만의 단어 목록을 직접 만들어도 좋아.

찾은 단어로 너만을 위한 메시지를 만들어 조약돌에 붙여.

완전히 말린 다음 바니시를 바르면 더 오래 가.

이 정도면 충분해

난 다재다능한 사람이지

친구들이 마음에 들어 할 만한 단어나 글을 찾아서 붙인 다음, 선물로 줘도 좋아!

책상에 두고 종이를 누르는 돌로 쓰는 건 어떨까? 패여 있는 조약돌이라면 펜꽂이로 쓰는 건? 나무 접시 위에 조약돌을 모아 작은 장식품으로 만들어도 멋질 거야.

긍정의 힘이 필요할 때마다, 기운을 내고 싶을 때마다 조약돌을 읽어.

마커나 아크릴 물감, 펜, 색연필 등으로 꾸미는 것도 재밌어!

자연 관찰

자연은 우리 몸과 뇌에 좋은 영향을 줘.
평화로운 환경은 심장 박동수를 낮추고 스트레스를 줄여 주지.
또 세상을 새롭게 볼 수 있게 해 줘. 왜냐고?
자연 속에 있으면 세상이 얼마나 경이로운 곳인지 알게 되거든!

너는 이러한 세상의 일부야. 그러니 너 또한 굉장한 존재인 거야!

밖으로 나가서 가만히 땅을 관찰해.
꽃과 풀잎, 곤충들이 각자의 자리에서
살아 숨 쉬며 자라고 있을 거야.

잡아채거나 꺾으면 안 돼.
자연에게도 자유롭게 살
권리가 있으니까.

앉거나 누워서 네가 찾은 자연에 집중해 봐.
1분이나 2분, 아니면 네가 원하는 만큼.
다른 것들은 잠시 뒤로 제쳐두고,
오직 네가 보고 있는 것에만 관심을 기울여 봐.

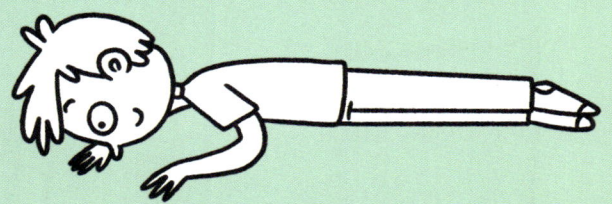

난생처음 보는 것처럼 살펴봐.

또 다른 대상을 찾아서 반복해.
다 하고 난 지금 어떤 느낌이 드는지 설명해 줄래?

찰-칵!

사람들에게 친절을 베푸는 네 모습을 그려 봐.
친절은 거창한 것이 아니야.

어떤 예가 있을까?

양보하기

뒷사람을 위해
문 잡아주기

칭찬하기

먼저
인사하기

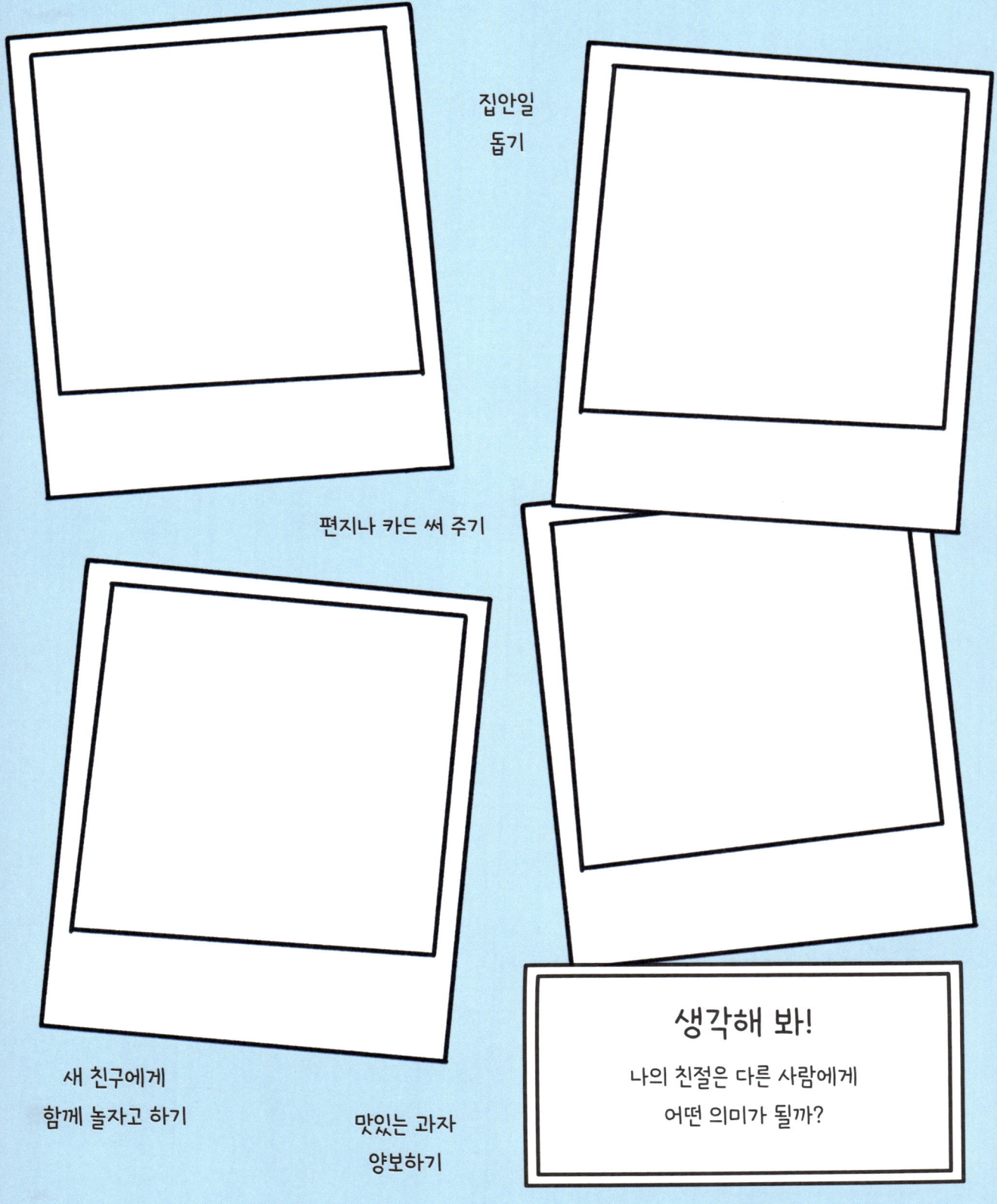

나만 아는 이야기

알고 나니 신기하고 재미있었던 사실
10가지를 적어 봐!

나만 아는 걸 반짝- 뽐내는 시간!

자료를 찾아도 좋고
기억나는 대로 적어도 좋아.

긍정의 색깔

프랙털은 어떤 작은 모양이 전체와 닮은 도형으로, 끊임없이 반복되는 구조를 말해. 풀잎, 나무껍질, 눈송이처럼 우리 주변에서 쉽게 볼 수 있어. 자연의 신비지. 바로 너처럼!

밝고 선명한 색으로 칠해 줘.

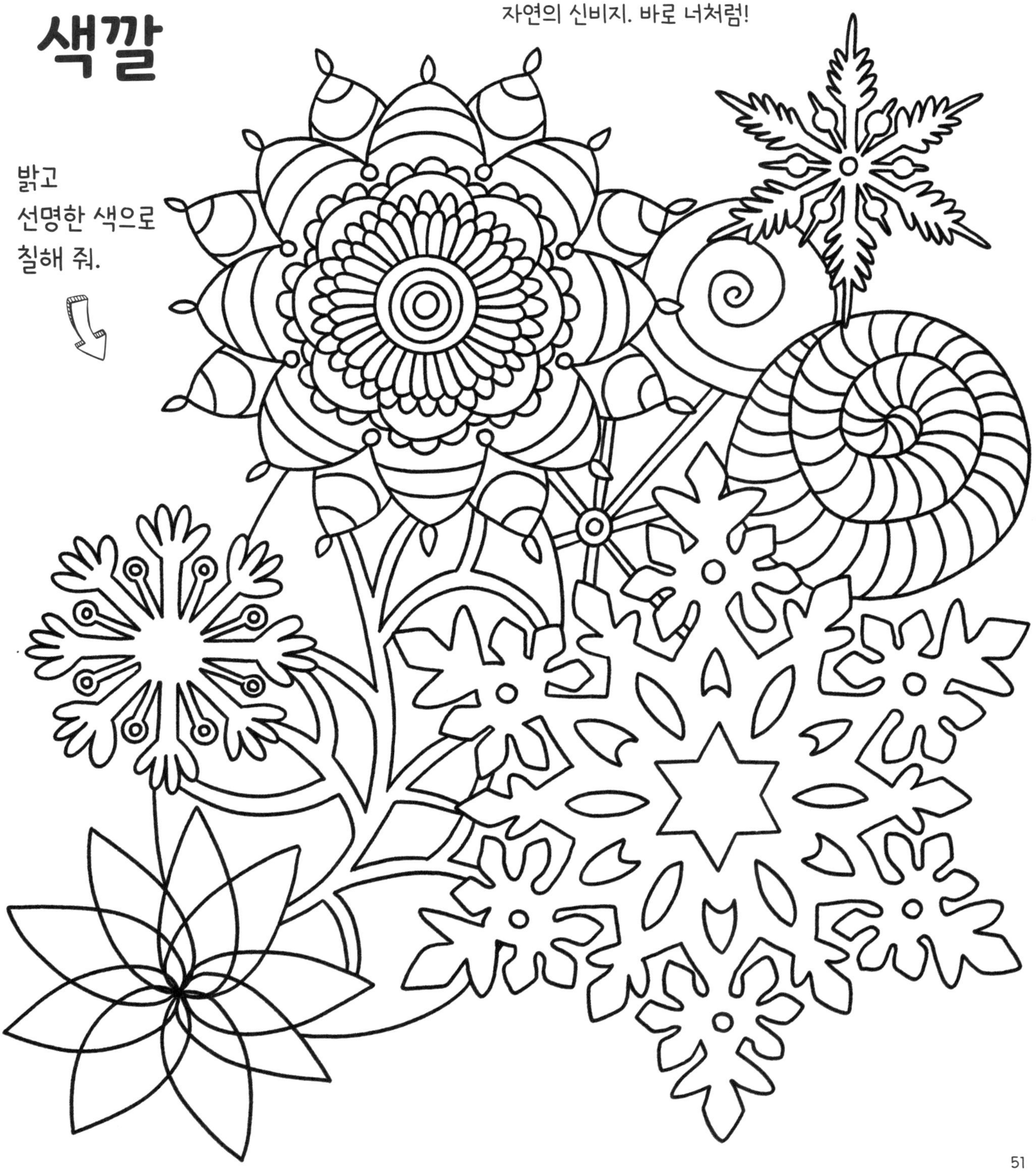

나의 목표

몇 주 안에 꼭 이루고 싶은
목표를 세워 봐!

새로운 것에 도전할 수도 있고,
이미 가진 능력을 발전시키는 걸
목표로 할 수도 있지.

여기 적어 봐.

목표를 이룬 네 모습을 직접 보는 것이 중요해.
목표에 도달한 순간을 마치 '한 편의 영화'처럼 마음속에 그리고, 계속 돌려 보는 거야.
가족과 친구들이 기뻐하며 축하해 주는 소리가 들리지 않니?

마음속에 그린
영화를 다시 보고,
목표를 이뤄낸
기분이 어떤지
온몸으로 느껴 봐!

넌 해낼 수 있어.
이미 너는 긍정 회로에
단단히 연결되어
있으니까,
분명히 할 수 있어.

영화를 다시 보면서 가능한 한 천천히,
숨을 다섯 번 깊게 들이마시고 내쉬어 봐.

목표를 이루기까지 어떤 단계가 필요할까?

어디 한번
해 볼까?

이제 너의 뇌는 새로워졌어.
목표를 이룰 수 있게 말이야.

목표가 생길 때마다 이 활동을 반복해서 해 봐.
다음 달 목표, 아니면 내년 목표를 세워보는 건 어때?

마음껏 색칠해.

그럼, 물론이지!

난 사랑 받을만 해.

엉망진창이야!

때때로 감정은 아주 격렬해져서,
부글부글 넘치기도 하고 뒤죽박죽 엉망이 되기도 해.
모든 게 엉망이라는 생각이 들 때
넌 어떤 기분이 드니?
비눗방울에 네 감정을 적어 봐.

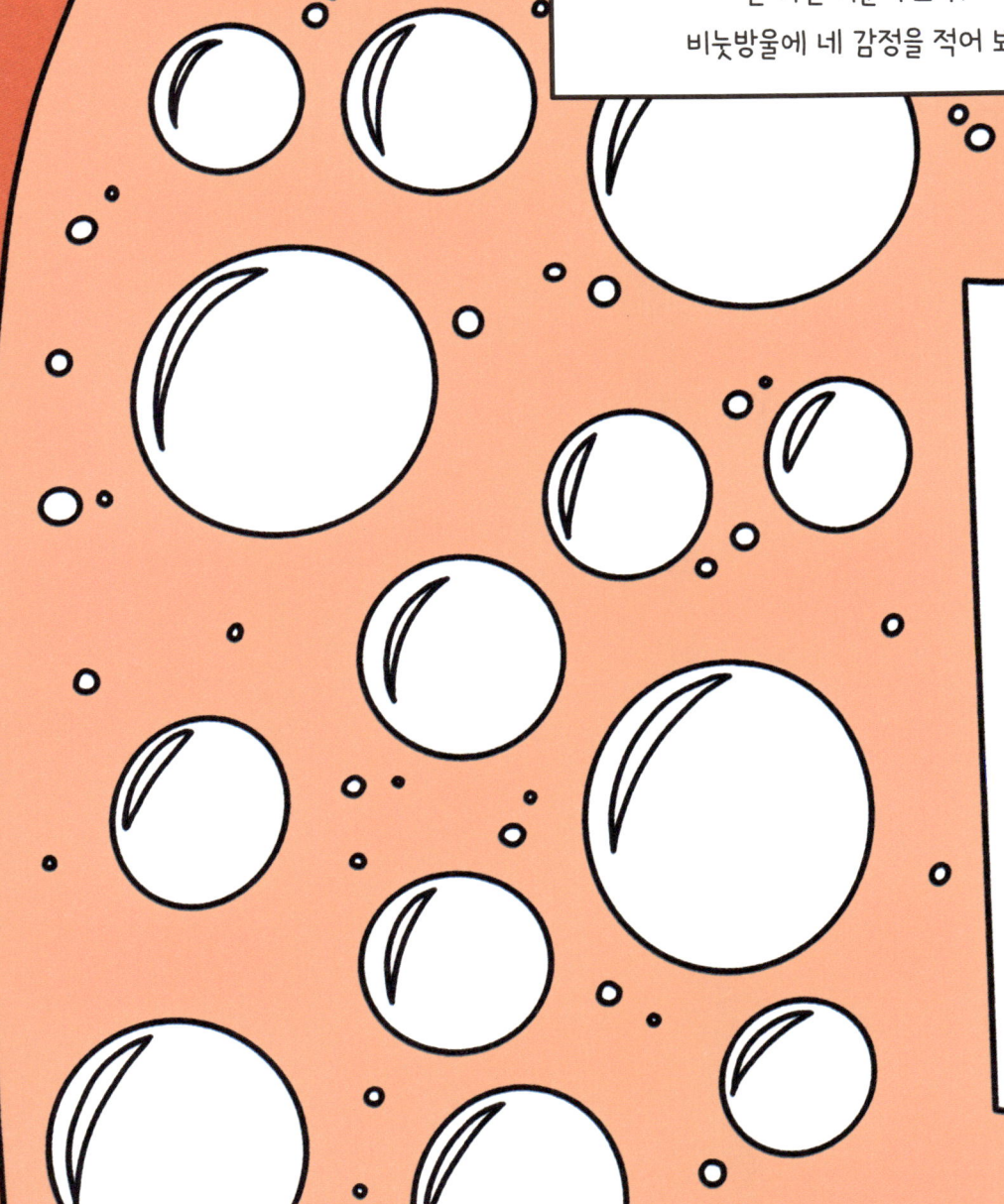

행복 믿음 폐 기쁨 당황 수치 질투 기대 눈물 신남

슬픔 사랑 죄책감 겁 두려움 즐거움 분노 좌절 걱정

우주로 발사!

널 무시하는 말이나 네 능력을 의심하게 만드는 말을 들어본 적 있니? 그렇다면 그런 말은 우주로 영원히 날려 버리자!

널 화나게 하는 모든 것들을 로켓에 적어 봐.

그리고 10부터 0까지 숫자를 세자.

이제 발사! 로켓이 대기권 밖으로 사라지는 걸 지켜봐.

어때? 새로운 일에 도전할 만큼 자신감이 생겼니? 어떤 것에 도전해 볼까?

_____

_____

_____

로켓을 멀리 날려 보낸 후에 여기에 '발사 완료!'라고 써 줘!

넌 할 수 있어.
아자!

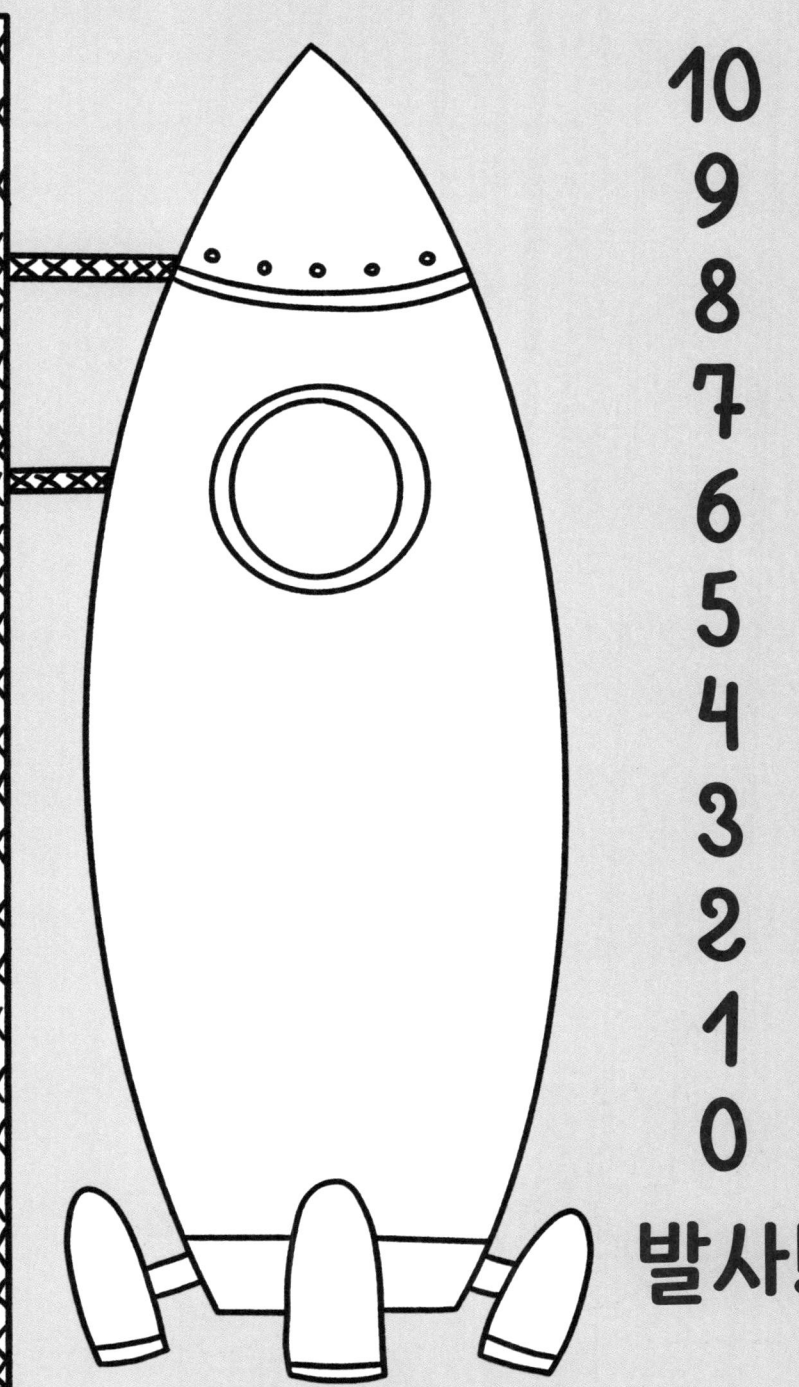

마음 살찌우기

우리가 음식을 먹을 때
몸과 마음에 무슨 일이 일어나는지 알고 있니?
실험을 통해 한번 알아보자!

| 준비물 | 건포도 한 알 | 그리고 | 너 |

만약 건포도를 좋아하지 않는다면,
블루베리나 라즈베리, 작은 초콜릿을 사용해도 좋아.

차근차근 순서대로 따라오렴!

편하게 앉아 두세 번 정도
숨을 깊게 쉬어.

한 손 위에
건포도를
올려.

완전히 집중해서 건포도를 자세히 살펴봐.
마치 난생처음으로 건포도를 보는 것처럼,
외계인을 만난 것처럼 봐야 해.

눈을 감고 건포도를 손가락으로
천천히 부드럽게 움직여 봐.

어떤 느낌이 드니?

건포도의 냄새를 맡아 봐.

입이나 배에서 뭔가 흥미로운 반응이 생기지 않니?

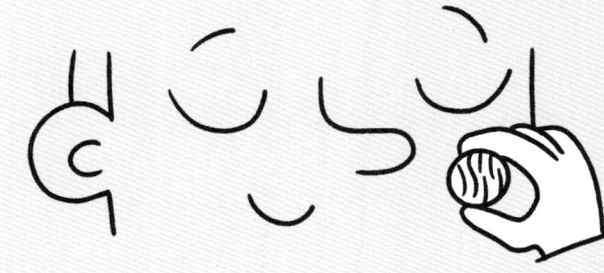

이제 건포도를 입에 대고 입술에 부드럽게 천천히 문질러. 입술에 닿는 느낌에 집중해야 해.

먹어버리고 싶겠지만 말이야.

혀에 건포도를 올리고 잠시 가만히 있으렴. 절대 씹어 먹으면 안 돼!

혀 위에 두고 어떤 느낌이 드는지 집중해 봐.

이제 아주 천천히 씹어 보자. 부드럽게 깨물 때마다 어떤 느낌이 드는지 느껴 봐.

아직 삼키면 안 돼! 건포도의 맛과 향이 입 안을 가득 채울 때까지 기다려야 해. 삼키는 건 그다음이야.

이제 다시 호흡에 집중하고 눈을 떠 봐.

요가

별 자세

별처럼 두 팔과 두 다리를
사방으로 뻗는 자세야.
부드럽고 차분하게 호흡하며
이 자세를 취하면 차분해지고
집중력도 높아져.

다리를 넓게 벌리고
발가락은 바깥쪽을 향하게 서.
등과 목, 머리를 쭉 펴고
두 팔은 어깨높이로 들고 양쪽으로 쭉 뻗어.
자세를 유지하면서 1~2분 동안
차분하게 호흡해.

기울어진 별 자세

균형을 잘 잡을 수 있게 되면
이제 한쪽으로 기울어지는 자세에
도전해 보자.
별 자세를 취한 다음,
한쪽 발을 들어
반대쪽으로 몸을 기울이면 돼.

로켓 자세

이 자세는 힘과 용기,
긍정적인 마음을 갖도록 도와줘.

먼저 등을 곧게 펴고 똑바로 서.
손을 머리 위로 뻗어 로켓처럼 만들고
한쪽 발을 들어 다른 발 위에 살짝 올려놔.

차분하게 호흡하며 몸이 개운하게
쭉 늘어나는 걸 느껴 봐.
반대쪽 발로도 똑같이 반복해.

다섯 꼬마 외계인

이 꼬마 외계인들을 마음대로 색칠해.

가장 마음에 드는 외계인은 누구야?
이유는 뭐야?

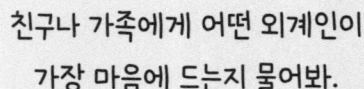

친구나 가족에게 어떤 외계인이
가장 마음에 드는지 물어봐.

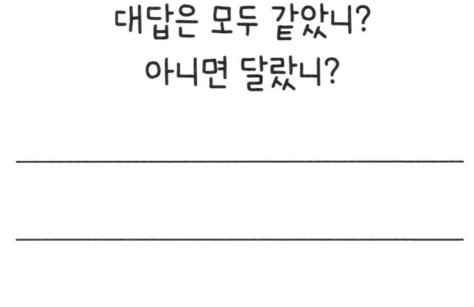

대답은 모두 같았니?
아니면 달랐니?

생각해 봐!

누군가를 처음 만날 때
가장 먼저 무엇을 보니?
곰곰이 생각해 보고
여기에 적어 봐.

블랙홀

죄책감이나 창피함, 수치심을 느껴본 적이 있니? 그렇다면 그건 아마 다른 사람이 한 말이나 네가 했던 행동 때문이었을 거야.

물론 이런 감정을 통해 배우는 것도 있어. 하지만 이미 지나간 순간을 계속 떠올릴 필요는 없어. 넌 용서받을 자격이 있거든. 그러니 자신을 너그럽게 대하고 앞으로 나아가도 괜찮아.

이 블랙홀에 널 힘들게 한 일을 적은 다음, 보이지 않게 색칠해 버려. 마치 그런 일은 없었던 것처럼 사라지게 만드는 거야.

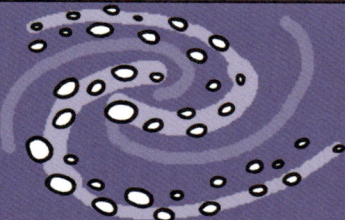

드디어 자유야! 널 괴롭히던 기억들은 모두 사라졌어. 이제는 더 행복해질 거야. 마음이 한결 가벼워진 걸 느낄 수 있니?

미안해, 사랑해

네 몸을 충분히 아끼고 사랑해 주렴.
지금이 바로 몸에게 사과하고
소중히 여길 기회야.

네 몸에 대해 나쁜 말을 한 적이 있다면,
그 부분에 반창고를 붙여주고
좋은 말을 적어 줘.
잘못한 일을 바로잡는 거야.

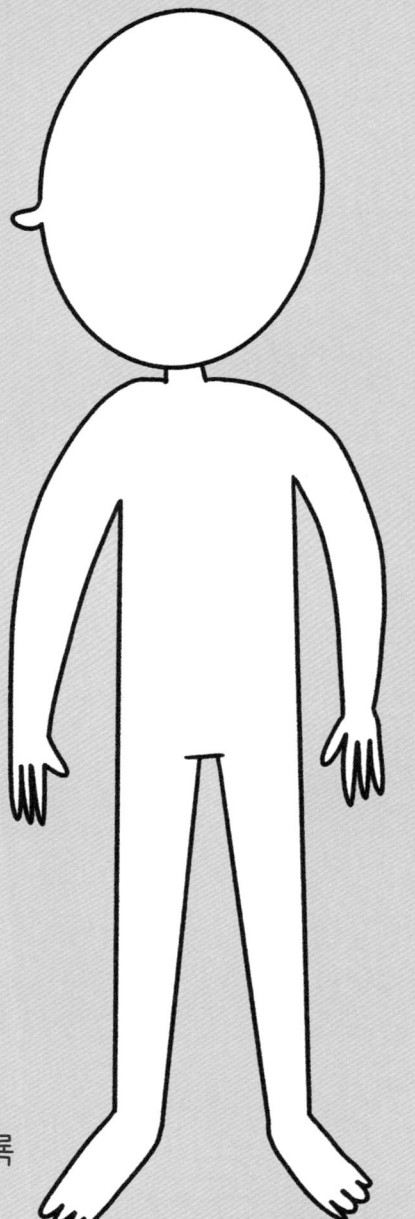

이건 자신을 더 너그럽고 친절하게 대하도록
뇌를 재연결하는 활동이야!

이제 네가 좋아하는 사람을 찾아 꼭 안아 봐. 기분이 훨씬 더 나아질 거야.

헛소리 파쇄기

자신에 대한 생각과 감정을 바꿀 수 있는 건 오직 너뿐이야!

네게 전혀 도움이 되지 않는 부정적인 생각들은 **헛소리 파쇄기**에 넣어 버려!
그리고 그 반대쪽에 있는 긍정적인 생각들을 가져와 봐!

내 노래 실력은

형편없어.

_____

_____

_____

가끔 노래를 부를 때 음정을 맞추기 어려워.

다른 노래는 좀 더 부르기 쉬워.

난 연습하면 점점 나아질 수 있어.

가끔 _____

다른 _____

난 _____

가끔 _____

다른 _____

난 _____

위에 적은 부정적인 생각들은 **긍정의 힘**으로 날려 버리자! 스스로가 미울 때마다 뭘 해야 할지 알지?
헛소리들은 모두 부수는 거야!

막춤을 추자!

좋아하는 음악을 틀어놓고
아주 먼 행성에서 온 외계인처럼 춤을 춰 봐.

너만의 동작을 만들고, 손과 팔, 엉덩이, 다리를 마구 흔들어 봐.
정해진 건 없어.
네 몸을 전부 사용해 마음대로 추는 거야!

친구, 가족들과 함께해 볼까?
막춤 대회 시작!

빛나는 은하

모든 것이 엄청 거대하게 느껴질 때가 있어.
모든 정신을 집중해서,
우주 안의 모든 것을 네가 다룰 수 있을 만큼
아주 작게 만든다고 상상해 봐.

준비물

- 뚜껑이 있는 유리병이나 플라스틱병
- 따뜻한 물
- 식용 색소나 물감
- 반짝이 풀: 2숟가락
- 반짝이 가루: 병을 약 3센티미터만큼 채울 수 있는 양

준비한 병에 따뜻한 물을 반 정도 채워.

반짝이 풀을 넣은 다음 반짝이 가루를 넣어 줘.

뚜껑을 닫아. 접착제로 뚜껑을 붙이는 것도 방법이야.

식용 색소나 수채화 물감을 약간 넣어.

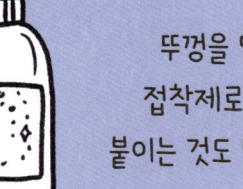

마구 흔들어!

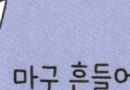

반짝이 가루가 가라앉는 모습을 가만히 바라봐. 어느새 네 감정도 차분히 가라앉을 거야.

만들기 어려울 땐 어른에게 도움을 요청하자!

자신을 존중하기

첫 단계는 바로 나에 대해 잘 아는 거야.

네게 중요한 것들을 적어 봐.

나의 희망

가치란 친절, 정직, 공정, 신뢰, 충성, 존경과 같이 자신과 다른 사람들에게 기대하는 걸 뜻해.

나의 가치

희망은 너 자신과 네가 사랑하는 사람들, 그리고 주변의 세상에 대해 바라는 것들이야.

항상 자신에게 충실해야 해.

신념은 네가 확신하고 굳게 믿고 있는 것, 네게 중요한 의미를 가지고 있는 걸 말해.

나의 꿈

꿈은 네가 하고 싶거나 앞으로 되고 싶은 거야.

나의 신념

경계선

넌 존중받아야 마땅해.
누군가 널 대하는 태도가 마음에 들지 않는다면,
그건 네 자존감과 자신감에 영향을 미칠 수 있어.

다른 사람과의 관계에서 동의 또는 거절의 경계를 정하는 건 매우 중요해. 모든 결정은 네가 내리는 거니까. 만약 누군가가 네게 못되게 굴거나 따돌린다면, 참지 않아도 돼. 부당한 행동을 멈추도록 요구하고, 그래도 안 된다면 믿을 수 있는 어른에게 도움을 요청해야 해.

나는 사람들이 예의 바르게 행동하길 기대해.

사람들이 내게 정직하게 대해주길 바라.

난 친절한 대우를 받을 자격이 있어.

너는 이 행성에서 어떤 대우를 받고 싶니? 네 생각을 적거나 예시를 보고 골라도 좋아. 다 쓴 다음에는 행성을 둘러싼 경계선을 색칠해 줘.

생각해 봐!

소외감은 크게 다쳤을 때만큼 아프고 깊은 상처를 남기기도 해. 따돌림을 당하거나 다른 누군가를 따돌린 적이 있니? 그때 어떤 느낌이 들었는지 이야기해 보자.

69

쑥쑥 자라는 자신감

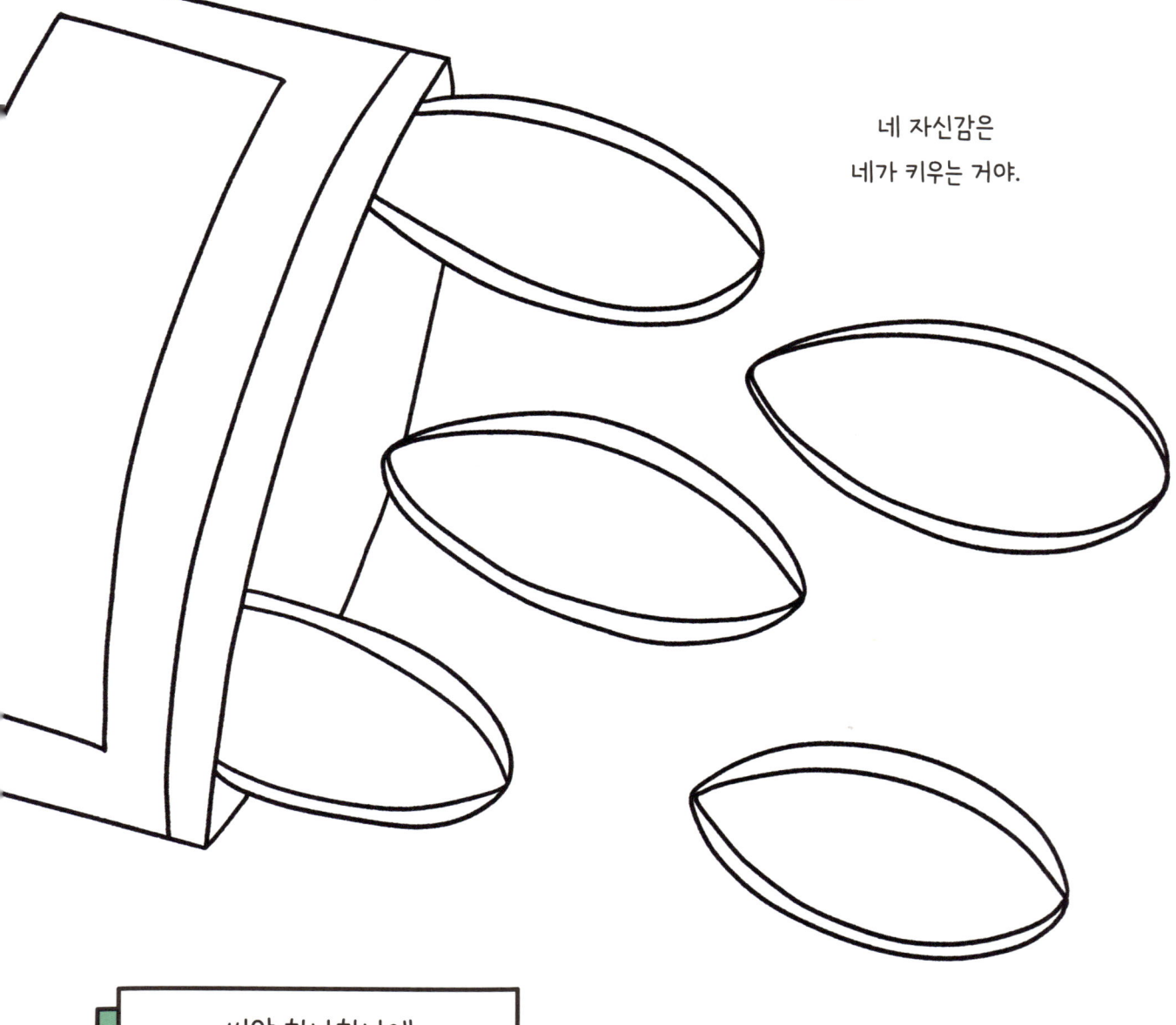

네 자신감은
네가 키우는 거야.

씨앗 하나하나에
스스로에 대한 생각이나
믿음을 채워.

너에 대한 긍정적인 내용도 있어야 해.
어떤 씨앗을 잘 키워보고 싶니?

양분을 충분히 준 씨앗만이 싹을 틔우고 자랄 수 있어.

흙이나 공기, 물도 없고 햇빛조차 받지 못하는 화분을 떠올려 봐.
그리고 네가 가장 없애고 싶은 씨앗을 골라 이 화분에 심어.

이름표에 없애고 싶은 생각을 적고
점점 시들어가는 걸 보렴.

자신감을 가득 채워 줄
씨앗 2개를 찾아 화분에 심고
이름을 써 줘.

잘 심고 충분한 물과 햇빛을 주자.
좋아하는 색으로 꾸미는 건 어떨까?

앞으로 이 책을 펼칠 때마다
화분이 얼마나 잘 자라고 있는지 확인하렴.
믿음이 조금씩 자라는 게 느껴질 때,
줄기와 잎, 꽃과 열매도 그려 줘.
다 그리면 예쁘게 칠해 줘.

건강하게 잘 자란
믿음을 시험해 보려면
어떤 새로운 도전을
할 수 있을까?

성공했다면 크게 표시해 줘.

거울에 붙여 줘

활동을 하기 전에, 먼저 거울에 무언가 붙여도 되는지 허락부터 받자!

거울을 볼 때, 넌 무엇을 보니?
거울에 비친 네 모습을 그려 봐.

거울에 비친
네 모습을 보면
어떤 느낌이나 생각,
믿음이 떠올라?

넌 스스로에 대해
어떤 느낌이나 생각,
믿음을 가지고 있니?

_____ 이(가) 보여.

거울 속 내 모습은 _____ 하게(처럼) 보여.

나는 _____

2주 후에 다시 거울을 보자.
그리고 거울 속에 비친 너에 대한
느낌이 얼마나 달라졌는지,
네 행동은 어떻게 바뀌었는지 적어 보렴.

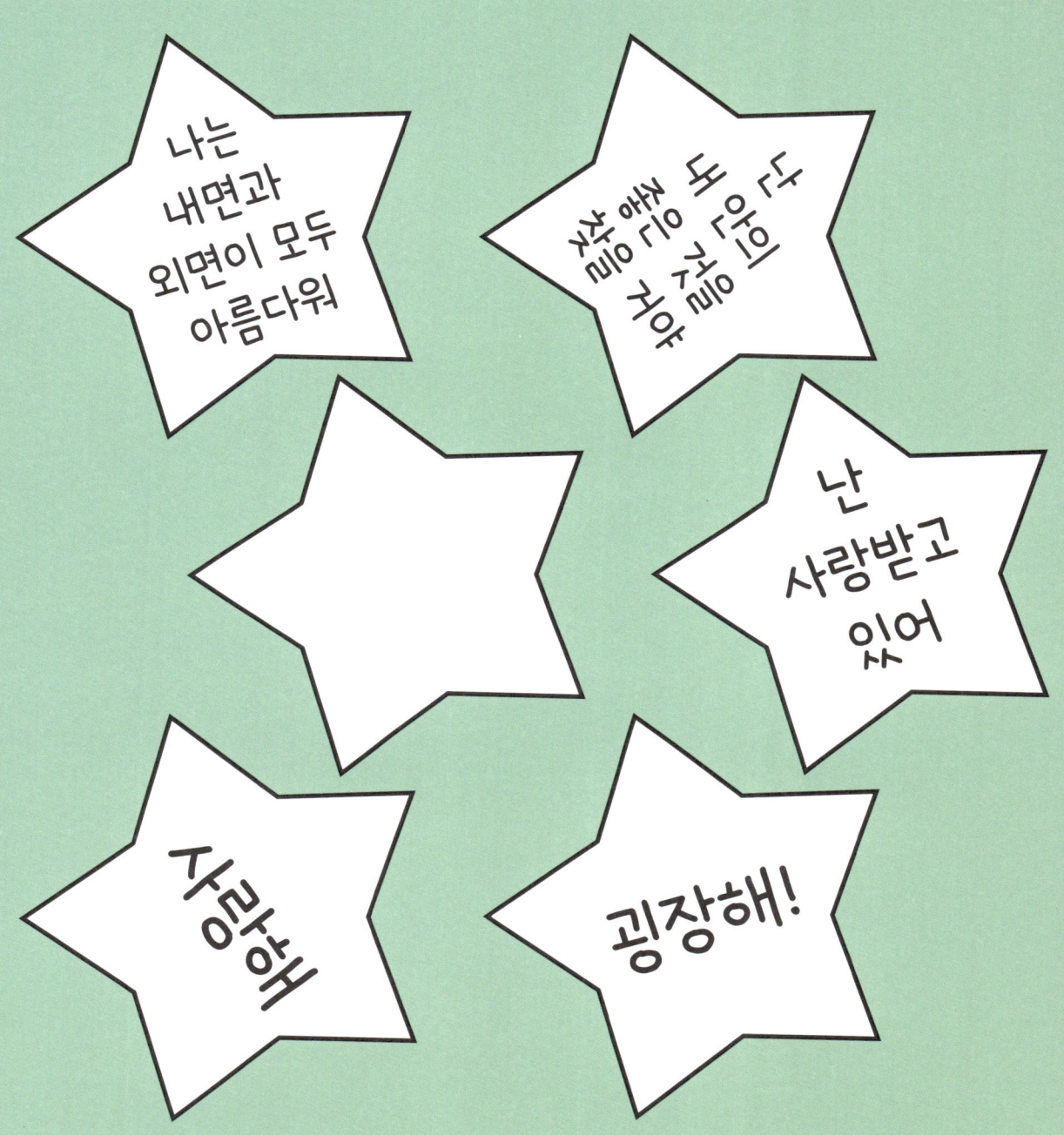

별을 색칠하고 하나씩 오린 다음, 거울마다 이 별을 붙여줘.
거울을 볼 때마다 네가 얼마나 멋진 사람인지 깨닫게 될 거야.

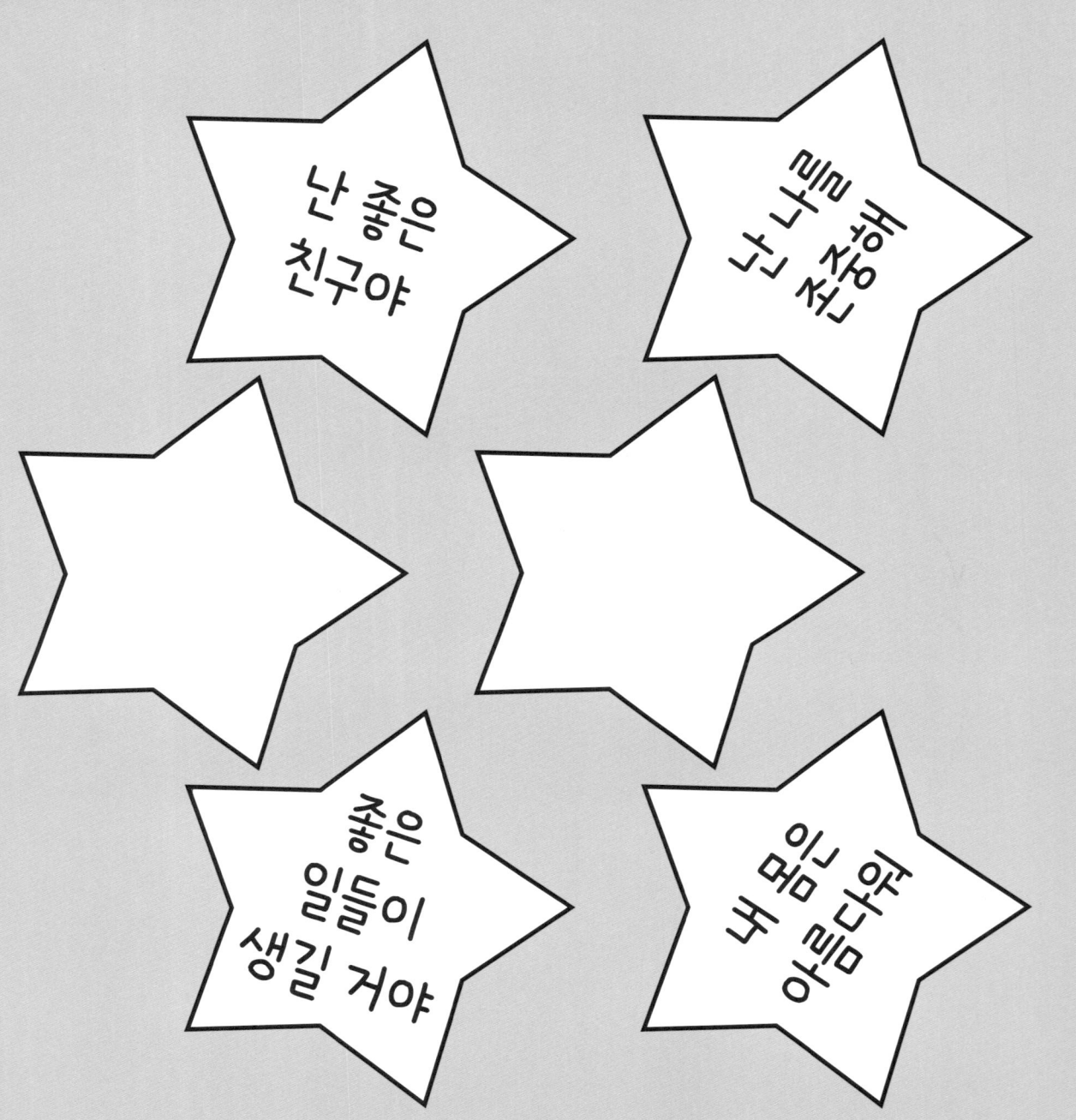

세상에 단 하나뿐인 나

| 모든 사람의 몸은 다 특별해. 너도 마찬가지고. | 너의 신체와 외모 중 마음에 드는 부분은 어디야? |

난 나의 _____ 이/가 마음에 들어.

난 나의 _____ 이/가 정말 좋아.

난 나의 _____ 을/를 존중해.

난 나의 _____ 을/를 소중히 여겨.

나의 _____ 은/는 정말 멋지지.

나의 _____ 은/는 대단해.

생각해 봐!

사람들이 너에 대해 알았으면 하는 한 가지는 무엇이니?

풋- 웃기지?

우울한 강아지에게 웃음을 되찾아 줘!

똑똑똑~ 여기 좀 봐~

중학생과 고등학생이 타는 차는?

네가 아는 가장 웃긴 이야기를 들려주는 건 어때?

떠오르는 게 있다면 적어두자.

김밥이 죽으면 가는 곳은?

아몬드가 죽으면?

진부하고, 웃기고, 어이없는 농담 모두 환영!

꼭 그런 건 아니야!

코알라 메건과 친구들이 서로를 비교하고 있어.

동물 친구들은 자신이 못하는 걸 친구들은 할 수 있고, 친구와 다르게 생겼다는 사실에 슬퍼졌어.

> 동물 친구들에게 있는 그대로가 정말 멋지다는 사실을 알려주려면 무슨 말을 해야 할까? 긍정의 힘을 전해 줘!
> ----------------------
> ----------------------
> ----------------------
> ----------------------

난 숨바꼭질을 못해. 수영도 잘 못 하지.

내 부리는 너무 커. 꼬리는 너무 작고.

난 나무에 오르지 못해. 친구들을 안아줄 수도 없어.

난 털북숭이야. 발톱은 또 왜 이렇게 긴 걸까?

그래도 충분히 멋진걸!

마음에 드는 색으로 칠해 봐.

마음 회복 상자

돌봄과 사랑은 우리 모두에게 꼭 필요해.
자신이 없고 의기소침한 날들을 위한 회복 상자를 만들자!

준비물
- 신발 상자 혹은 종이 상자

물감이나 포장지, 오래된 책이나 리본, 사진 등 마음에 드는 것들로 상자를 꾸며 줘.

슬플 때 행복해지게,
불안할 때 침착해지게,
심심할 때 바빠지게
해 주는 것들로
상자를 채워 봐.

친구에게도
마음 회복 상자를 만들어주면 어때?

이런 건 어때?

- 푹신한 인형
- 찰흙
- 포켓몬 카드
- 스트레스 볼 (스퀴시/말랑이)
- 팝잇
- 우정 팔찌
- 오래된 티켓
- 비눗방울
- 찌푸린 얼굴을 볼 작은 거울
- 좋은 글귀가 적힌 조약돌
- 비즈
- 사진들
- 퍼즐 북
- 형광펜
- 소중한 사람에게 받은 오래된 생일 카드

둥실~ 구름을 타고

여기 푹신한 구름이 보이니?
완전히 평온하고 안전하고 편안한 마음으로
구름 위에 두둥실 떠 있는 널 그려 봐.

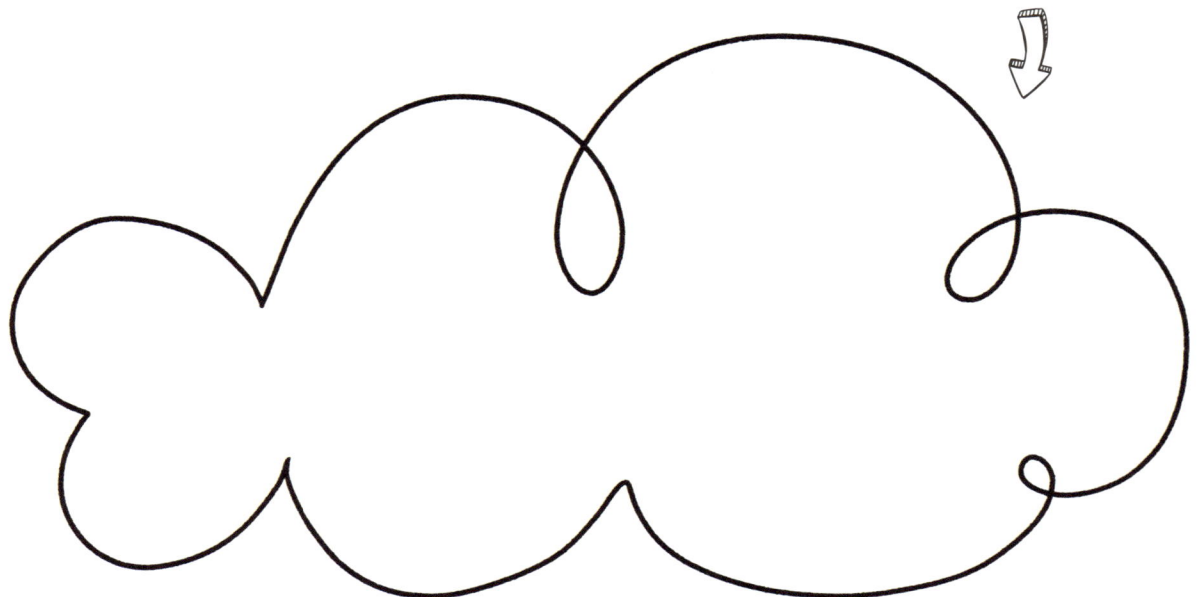

널 태운 구름 아래로는 어떤 풍경이 보일까?
상상해서 그리고 색칠해 봐.

구름은 네가 원하는 곳 어디든 데려갈 수 있어. 강과 호수, 들판과 숲으로, 반짝이는 바다에서 춤추는 돌고래에게로, 눈 덮인 하얀 산이나 지글지글 타는 듯한 사막으로 말이야. 평온하고 부드럽게 그 풍경 위로 날아가는 자기 모습을 상상해 봐.
마치 정말로 그곳에 있는 것처럼 말이야.

어떤 느낌이 드니?

필요할 땐 언제든
이 구름을 다시 찾아오렴.
좋아하는 음악을 틀어 놓고
상상하면 더 좋겠지?

진짜 정말 큰 행운의 별

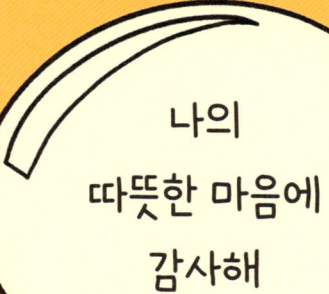
나의 따뜻한 마음에 감사해

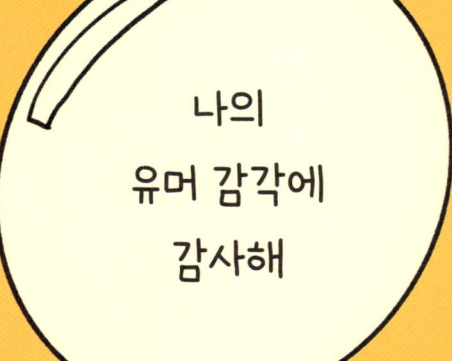
나의 유머 감각에 감사해

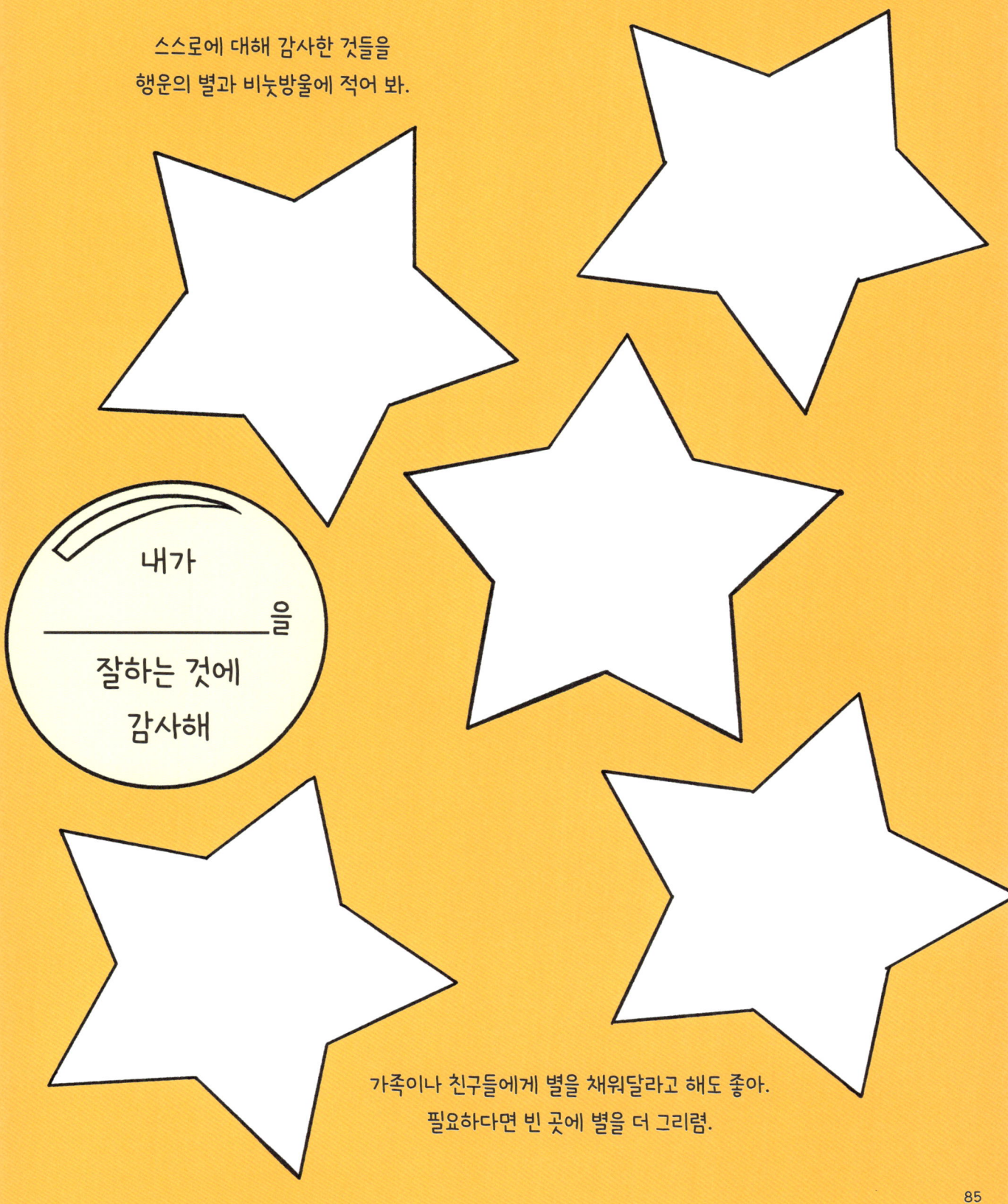

긍정 유니콘

가끔은 자신이 너무 불쌍하게 보이고
부정적인 생각 때문에 괴로울 때가 있을 거야.

| 어쩌면 이런 생각이 들지도 모르지. |

모두 날
괴롭히기만 해

나쁜 일은
나에게만 생기지

모두가
날 화나게
만들어

사람들은
다 못됐어

긍정 유니콘이 걱정 대신 '긍정의 힘'을 가질 수 있게 도와줄 거야.

긍정 유니콘이 네게 몇 가지 질문을 할 거야.
스스로가 가엾게 느껴질 때마다 질문들에 답해 봐.
그리고 부정적 생각에 '왜?'라는 질문을
할 수 있도록 마음을 바꿔 보자.

정말 어려운 상황이라면 네가 믿고 따르는 어른들에게
함께 하자고 부탁해 보렴.

시간을 내서 12분 동안 이야기를 나누렴.
마지막엔 꼭 안아 달라고 하고!

12분 동안
네가 좋아하는 것들에 대해
누군가와 이야기하는 거야.
좋아하는 연예인이나 만화,
책, 음악이나 영화, 동물이나
식물, 운동, 패션까지 어떤
것이든 괜찮아.

12분

어떤 일 때문에
그렇게 느꼈니?

_____
_____
_____

그 일은 사실이니?

_____
_____

그 일이 사실이라는 근거가 있니?

_____
_____
_____

지금 일어나고 있는 일을 다른
방법으로 설명할 수 있을까?

_____
_____
_____

긍정 유니콘들이 네 머릿속의
부정적인 생각들을 모조리 잡아서
영원히 가두어 버릴 거야.
너도 좀 도와야겠지?

먼저 깨끗한
유리병 몇 개를
준비해.

부정적인 생각들을
종이에 적고
유리병 안에 가둬 버려!

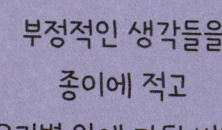

눈에 보이지 않도록
어두운 곳이나 높은 선반,
창고에 넣어 두자.

미션 파서블

세상에는 우리가 바꿀 수 있는 것도 있고,
그럴 수 없는 것도 있어.
때로는 좋아하지 않는 것과
잘 지내는 법도 배워야 하지.

긍정의 힘만 있다면
훨씬 쉽게 배울 수 있을 거야.

네가 바꿀 수 있는 것 세 가지, 바꿀 수 없는 것 세 가지
그리고 시간이 지나면 바뀔 것 세 가지를 적어 봐.

꿈나라로 떠날 준비!

꿀잠은 꼭 필요해.
너무 피곤하면 긍정의 힘도 사라져 버리거든.
푹 잘 수 있는 꿀팁을 알려 줄게.

가벼운 간식 · 애착 인형 · 편안한 음악 · 약간의 물 · 포옹 · 자기 전에 책 읽기

꿀잠을 위한
너만의 목록을 만들어 봐!

수면 등 · 수면양말 · 고요함

잠들기 전에 기분 좋은 상상을 해 봐.
평온한 곳을 떠올리거나
우주복 잠옷을 입고 미션이 펼쳐질
꿈나라로 떠나거나.
생각만 해도 재미있는걸?

침대에 누워 있을 때, 앞에 나왔던 호흡 운동을 해 봐.

3:5 호흡법을 떠올려 보자.

 3초 동안 깊게 숨을 들이마시고, 5초 동안 내쉬어. 이때 아주 부드럽게 숨을 쉬어야 해.

먼저 편안한 자세로, 깊게 숨을 쉬어.

아주 편안한 자세로 깊이 잠든 모습을 그려 봐!

하이 파이브

하이 파이브를 하면 우리 몸과 뇌가 더 건강하고 행복해지지. 그러니 자주 하이 파이브를 하라고!

아래는 우리 건강과 행복을 위해 꼭 기억해야 할 다섯 개의 단어야. 빈칸을 알맞게 채워 봐.

건강

물

즐겁게

1. 몸에 좋은 _____ 한 음식을 먹자.

2. _____ 을/를 마시자!

3. 충분한 _____ 을/를 하자.

4. _____ 잠을 자고 쉬자.

5. 소중한 사람들과 매일 _____ 보내자!

운동

충분히

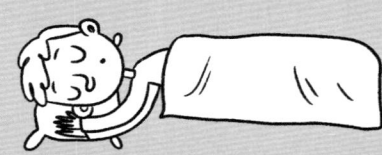

정답: 1. 건강 2. 물 3. 운동 4. 충분히 5. 즐겁게

급속 충전기

친구들이 네게 힘을 주는 것만큼
너도 친구들에게 힘을 줄 수 있어.

친구의 자존감 배터리가
다 떨어지기 일보 직전이라면,
어떻게 친구의
바닥난 배터리를
충전시킬 수 있을까?

 긍정의 힘을 부르는
너만의 충전 방법을
알려 줘!

생각해 봐!

네게 가장
큰 도움이 된 활동은
무엇이었니?

준비 그리고 발사!

긍정적인 마음을 갖는 방법, 잘 배웠니? 이제 배터리 상태를 확인해 볼까?

자존감

난 있는 그대로의 나를 존중해.
난 잘하는 것도 있고,
더 연습하고 노력해야 하는 것도 있어.
노력하는 내 모습이 자랑스러워.

자신감

난 실패하더라도 시도할 거야.
난 도전할 자신이 있어.
최선을 다하는 것만으로도 충분히 가치 있어.

신체상

내 몸은 많은 멋진 일을 할 수 있어.
난 새로운 기술을 익히거나 재능을 발견할 수 있어.
난 내 외모에 충분히 만족해!

세계관

좋은 일은 항상 생겨. 정말 친절한 사람들도 있어. 세상에는 재밌는 일들과 흥미로운 곳들이 많아.

처음에 색칠했던 배터리와 지금을 비교해 봐.
어느 부분이 어떻게 더 나아졌니?

계속 좋아지려면 어떻게 해야 할까?

긍정의 힘이 필요할 땐
언제든 다시 책을 펼치렴!

생각해 봐!

긍정적인 마음을 갖게 되었으니,
이제 새로운 일에 도전할 때야.
목표를 이루기 위해
필요한 것들을 모두 적어 봐.

넌 최고야!
자신을 믿어!

이제 더 멋진 모험을 하러 떠나자!

이 책을 보는 어른들에게

이 책은 아이들이 스스로 고민을 이해하고 해결하는 힘을 기르는 데 도움이 되어 줄 부모님, 선생님, 보호자, 상담사 등 모든 어른을 위한 워크북입니다.

우리 사회는 아이들이 성장함에 따라 더 발전하고 나아지길 기대합니다. 동시에 성공과 인기, 완벽이라는 가치를 공공연하게 강요하지요. 아이들은 끊임없이 다른 사람과 자신을 비교하며 자신감을 잃거나 열등감을 느끼며, 이는 부정적인 신체상과 세계관을 갖게 합니다.

하지만 아이들의 회복력은 매우 강합니다. 부모로부터 든든한 지지와 넘치는 사랑을 받으며 자란 아이들은 어려운 문제나 힘든 일을 만나도 스스로 이겨 낼 힘을 갖고 있지요.

이 책은 아이들이 걱정거리를 천천히 탐색하고 쉽고 재미있는 방법으로 표현할 기회를 줍니다. 아이가 믿는 어른에게 마음을 열고 걱정을 꺼내 보일 수 있는 다리가 되기도 합니다. 다양하고 흥미로운 활동은 아이들의 자신감과 자존감을 높이고, 긍정적인 생각과 회복탄력성을 키우도록 도와줍니다. 가장 편안한 공간에서 하고 싶을 때마다 이 책을 펼치게 도와주세요. 자신에 대해 긍정적으로 느끼고 내면의 평온함을 찾는 데 좋은 길잡이가 되어 줄 것입니다.

샤리 쿰스 박사

아동&가족 심리 치료사

마음이 단단한 아이로 키우는
부모 가이드북

긍정 * 자신감

글 이다랑(그로잉맘)

자신감, 왜 중요할까요?

　자신감이란 자신을 믿는 감정, 즉 스스로 무언가를 이루어 낼 수 있다는 느낌을 말합니다. 건강한 자신감은 아이가 안정적으로 무언가에 도전하고 성취하도록 도우며, 더욱 단단한 내면을 기를 수 있는 자원이 됩니다. 동시에 충분한 자신감을 가질 때 자신의 능력에 대한 확신이 생기고, 다른 일도 충분히 해낼 수 있다는 믿음도 갖게 됩니다.

　만약 스스로 해낼 수 있다는 믿음이 없다면 어떻게 될까요? 아이는 어떠한 일을 해낼 수 있는 충분한 능력이 있음에도 시도조차 하지 않으려 할 것입니다. 다양한 경험을 통한 값진 지혜도 얻지 못하고 자신감을 기를 기회조차 잃어버리게 됩니다. 결국 낮은 자신감과 포기의 악순환이 되풀이되겠지요. 또한 자신감이 부족할 때 아이는 내면의 힘보다는 주변의 상황이나 타인의 이야기에 쉽게 휘둘릴 수 있으며 불안이나 두려움과 같은 감정에 더 강하게 압도됩니다.

더 긍정적이고 자신감 있는 아이가 되려면 어떻게 도와야 할까요?

많은 부모님이 자신감에 대해 오해하고 있는 사실 중 하나가 바로, 자신감을 높이기 위해서는 무조건 아이를 많이 칭찬하고 격려해 줘야 한다고 믿는 것입니다. 물론 아이가 하는 일에 대해 충분한 관심을 갖고 칭찬해 주는 것은 필요합니다. 하지만 무조건 아이에게 긍정적인 반응만 해 준다고 해서 자신감을 갖게 되는 것은 아닙니다. 자신감에는 긍정적인 피드백만 영향을 주는 것이 아니라 다양한 요인이 작용하며, 아이가 자라면서 언제나 긍정적인 상황만 경험할 수 있는 것은 아니기 때문입니다. 그렇다면 긍정적이고 자신감 있는 아이가 되도록, 부모는 어떻게 도울 수 있을까요?

1. 아이가 자신에 대해 충분히 이해하는 것이 중요합니다

자신을 믿는 감정은 자기 자신을 조절할 수 있다는 확신에서 출발합니다. 즉 아이가 자기 안에서 발생하는 감정, 생각, 행동에 대해 이해할 수 있다면 스스로 느끼는 자신감도 높아집니다.

반대로 자신의 감정을 제대로 이해하지 못하고 혼란스러워한다면 스스로에 대한 확신을 갖기 어렵습니다. 그러므로 부모는 아이가 느끼는 감정을 자주 탐색하게 하고, 다양한 감정이 나타날 때 일어나는 신체적 변화와 행동을 연결하도록 도와주어야 합니다. 얼핏 보기에는 자신감과 무관한 듯 보이나 사실은 매우 중요한 과정입니다.

추천 활동 ▶ 감정과 나의 몸(10쪽), 진짜 내 모습(38쪽), 엉망진창이야!(56쪽), 우주로 발사!(57쪽), 자신을 존중하기(68쪽)

2. 아이가 자기 감각에 집중하고 느끼는 경험을 하도록 해 주세요

　무언가에 집중하며 충분히 그 대상을 느끼는 경험은, 자기 신체와 감각에 대한 자신감을 높이고 주변 자극과 환경에 대한 긍정적인 감정을 갖는 데 도움이 됩니다. 특히 요즘 아이들을 둘러싼 환경은 매우 자극적이고 정보량도 많습니다. 따라서 눈앞에 놓인 많은 경험 중에서 유용한 것을 선택하고 집중하기 위해 감각을 조절할 필요가 있습니다. 이러한 경험은 자기 몸에 대한 통제력을 갖게 하며 이는 자신감 상승으로 이어집니다.

　간단한 스트레칭이나 호흡법, 요가도 좋고 물을 마시거나 초콜릿을 먹으며 냄새를 맡고 맛을 섬세하게 표현해 보는 것도 좋습니다. 산책하며 느끼는 공기의 감촉이나 바람과 향기의 변화에 관해 이야기를 나누거나, 꽃이나 나뭇잎 등 한가지의 자연물을 깊게 관찰하고 그리는 활동도 도움이 됩니다. 아이가 지금, 이 순간 보고 듣고 경험하는 것에 집중하는 활동이라면 무엇이든 좋습니다. 아이가 자기 통제력을 느끼고, 자신감도 함께 높일 수 있는 활동으로 적극 이끌어 주세요.

추천 활동 ▶ 별까지 두 팔 번쩍!(24쪽), 긍정 호흡법(30쪽), 자연 관찰(47쪽), 마음 살찌우기(58쪽), 요가(60쪽)

3. 아이가 '시선'과 '관심'을 통해 존재감을 충분히 느끼도록 도와주세요

　자신을 믿는 감정이 생기려면 '나 자신이 존재한다'라는 느낌을 충분히 느끼는 것이 필요합니다. 이러한 존재감은 타인의 시선과 관심으로 형성됩니다. 누군가가 나를 바라보고, 나의 말과 행동에 주의를 기울이며 적절한 반응을 하는 것을 보며 아이는 자신의 존재를 느끼게 되지요. 아이가 존재감을 느끼도록 도와줄 수 있는 가장 기본적이고 확실한 방법은 '눈맞춤'입니다. 아이는 타인의 눈에 비친 자기 모습을 통해 자기의 존재를 가장 확실하게 인지할 수 있기 때문입니다.

　눈맞춤은 굉장히 간단하고 쉬운 것 같지만 일상생활에서 자주 놓치는 부분이기도 합니다. 아이와 눈맞춤을 하는 시간이 얼마나 되는지, 마지막으로 아이와 눈맞춤을 하고 이야기 나눈 때가 언제인지 떠올려 보세요. 바쁜 일상 중에 매 순간 아이에게 집중하기란 어렵습니다. 다만 아이가 "엄마, 아빠!"라고 부를 때, 고개를 돌려 제대로 눈을 맞추세요. 식사를 할 때 눈을 보고 이야기하거나 따로 대화하는 시간을 규칙적으로 가지는 것도 좋습니다.

추천 활동 ▶ 마음의 창, 눈(12쪽)

4. 아이가 스스로 생각을 바꿀 힘을 기를 수 있도록 도와주세요

　'긍정적인 아이'라고 하면 아이가 부정적인 생각이나 감정을 전혀 느끼지 않는 것으로 오해하는 경우가 많습니다. 하지만 아이가 긍정적이고 자신감이 있다는 것은 긍정적인 것만 느낀다는 의미가 아니며, 부정적인 감정이나 생각을 무조건 회피하는 것을 뜻하는 것도 아닙니다. 부정적인 경험을 하지 않는 것은 불가능에 가까우며, 오히려 회피할 때 어려움이나 갈등으로 인한 감정과 생각을 제대로 다루는 법을 배울 수 없습니다. 핵심은 긍정적인 감정과 생각만 하는 아이가 되는 것이 아니라, 아이가 부정적인 감정과 생각을 느낄 때 그것을 정확하게 인식하고 원인을 찾으며 더 나은 방향으로 전환할 힘을 갖는 데 있습니다.

　부정적인 감정은 부정적인 생각에서 출발합니다. '나는 항상 비슷한 실수를 해', '나는 절대로 할 수 없어'라는 생각을 '나는 가끔 실수해', '하지만 나는 다른 일은 잘 할 수 있어', '노력해서 해낸 적이 있어', '내가 걱정하는 일이 항상 일어나는 것은 아니야'라는 생각으로 바꿀 힘이 필요합니다. 지금 갖는 감정과 생각을 시간이 조금 흐른 후 다시 바라보도록 돕거나, 실수한 것이 만들어낸 긍정적인 결과와 그 효과를 살펴보도록 생각을 전환하는 것도 도움이 됩니다. 긍정적인 관점과 자신감은 부모가 만들어 주는 것이 아니라 아이가 스스로 채우고 만들어야 합니다. 아이가 그것을 배우고 연습할 기회를 주고 든든하게 지지해 주세요.

　　추천 활동 ▶ 경험과 변화(15쪽), 너그러운 마음(21쪽), 실수 로켓 발사(28쪽),
　　　　　　　틀려도 괜찮아(34쪽), 계속 떠올리기(44쪽), 헛소리 파쇄기(65쪽),
　　　　　　　긍정 유니콘(86쪽)

5. 아이가 긍정적인 면과 부정적인 면 모두 받아들일 수 있도록 이끌어 주세요

　마찬가지로 아이는 자기 자신에 대해서도 긍정적인 면과 부정적인 면 모두를 솔직하게 인지하고 수용할 수 있어야 합니다. 어떠한 아이도 긍정적인 부분만 가지고 있지 않습니다. 단점이 있으며 잘하지 못하는 것도 있고, 걱정하고 두려워하는 것이 있으며 싫어하는 것도 있지요. 이러한 부정적인 부분도 모두 아이의 일부입니다. 자신을 이루는 특성 중 절반만 인지하는 것은 자신을 정확히 아는 것이 아닙니다. 게다가 자신의 약하고 부정적인 부분을 제대로 바라보지 못하면, 그것을 해결하고 극복할 수 있는 방법을 찾기도 어려워집니다.

　건강한 자신감은 무조건 나를 최고라고 생각하는 것이 아닙니다. 나의 부족한 부분도 나의 일부라는 것을 받아들이는 자기수용이 자신감의 토대입니다. 나의 실패 경험, 내가 잘하지 못하고 싫어하는 것, 나를 화나고 속상하게 하는 것, 내가 느끼는 부정적인 감정들에 대해 생각하고 대화를 나눌 기회를 많이 갖게 해주세요. 그리고 누구나 좋은 경험과 특성만 있는 것이 아니라, 부족한 부분도 함께 가지고 있다는 것을 인지하도록 도와주세요. 자신의 부정적인 부분을 인지할 때 쉽게 무너지지 않는 단단한 아이로 자라날 것입니다.

추천 활동 ▶ 특별하고 멋진 너!(16쪽), 사랑이들(27쪽), 모두 나야(32쪽), 다섯 꼬마 외계인(62쪽), 미안해, 사랑해(64쪽)

6. 아이가 자신감을 기를 수 있는 성취 경험을 쌓도록 기회를 제공해 주세요

    처음부터 긍정적인 사고와 자신감을 충분히 가지고 있는 아이는 없습니다. 아이가 가지고 있는 실패 경험이나, 불안과 두려움 같은 감정은 아이가 무엇이든 시작하고 성취하는 것을 어렵게 만듭니다. 게다가 아이는 자신이 이루어 낸 일을 기억하고 활용하는 힘도 부족합니다. '난 못해'라는 생각에 갇히기 시작하면 스스로를 구할 수 있는 내적 자원을 얻기 어렵습니다. 그래서 아이가 이미 해낸 것들을 함께 찾고, 아이의 성취를 스스로 기억하여 활용하도록 도와주어야 합니다. 지금 하려는 것과 비슷한 것을 이미 해낸 경험, 처음에는 잘 해내지 못했지만, 지금은 잘하는 것들을 아이가 떠올리도록 도와주세요. "이거랑 비슷한 것을 해 본 적은 없었을까?", "처음에는 어려워하더니 이제는 정말 잘하네!", "작년에는 못했던 것을 지금은 하고 있구나!"와 같은 부모의 말은 아이의 자신감을 높이는 데 도움이 됩니다.

추천 활동 ▶ 별처럼 빛나는 너(35쪽), 이게 모두 너야!(45쪽), 찰-칵!(48쪽), 나만 아는 이야기(50쪽), 나의 목표(52쪽)

이 책은 아이에게 어떤 도움이 되나요?

1. 자신의 기분을 알아차리고 조절하는 방법을 배울 수 있어요

이 책은 아이가 자신의 긍정적인 감정뿐만 아니라 불편하고 부정적인 생각에 대해서 생각할 기회를 제공합니다. 특히 긍정적인 감정과 부정적인 감정을 각각 느낄 때, 신체에는 어떤 변화가 있고 어떤 행동으로 이어지는지 느끼도록 안내합니다. 이렇게 자신의 감정을 민감하게 느끼고 관찰하는 경험은 아이가 자신의 감정의 주인이 될 수 있도록 도와줍니다.

2. 나의 긍정적인 면과 부정적인 면 모두 받아들일 수 있어요

아이가 자신의 여러 가지 측면에 대해 통합적으로 바라보고 솔직하게 작성할 수 있는 기회를 제공합니다. 특히 단순히 잘한다 또는 못한다는 능력에만 집중하는 것이 아니라, 감정과 자극, 아이가 가진 신념, 알고 있는 지식, 신체에 대한 느낌 등 아이를 둘러싼 다양한 특성을 두루 탐색할 수 있도록 돕습니다. 단순한 질문이 아니라, 여러 비유와 활동을 통해 아이가 자연스럽게 생각하고 표현하도록 돕는 것도 이 책이 가진 강점입니다.

3. 부정적인 생각을 바꿀 힘을 기를 수 있어요

　이 책에는 아이가 스스로 부정적인 생각을 긍정적으로 바꿀 수 있도록 도와주는 다양한 전략이 있습니다. 절대적인 생각을 예외로 바꾸어 보는 전략, 부정적인 표현을 무조건 긍정으로 바꾸어 보는 전략, 도움이 되지 않는 잘못된 생각을 반대로 바꾸어 보는 전략 등은 아이뿐만 아니라 어른에게도 동일하게 적용될 수 있습니다. 굉장히 전문적인 방법임에도 불구하고 아이가 쉽게 이해하고 적용할 수 있도록 제시하고 있습니다. 자주 연습하며 익숙해지면, 부모 자신에게도 적용할 수 있을 뿐만 아니라 아이와의 일상 속 대화에서도 활용할 수 있습니다.

4. 자기 능력과 성취에 대해 생각해 할 수 있어요

　이 책은 아이가 이미 가지고 있는 강점과 능력, 이루어 낸 것에 대해 깊이 고민할 수 있는 다양한 활동을 제시합니다. 특히 칭찬받을 만한 특별한 성취에만 집중하는 것이 아니라, 아이가 알고 있는 다양한 지식, 사소한 장점들, 신체적인 장점, 우연히 베풀었던 친절 등 다양한 모습을 살펴보고 관심을 가지면서 자신을 더욱 긍정적으로 느끼도록 합니다. 더불어 스스로 작은 목표를 세우고 이 목표를 달성하기 위한 작은 계획을 실행하도록 하는 활동도 자신감을 기르는 데 도움이 됩니다.

5. 긴장을 풀고 스트레스 줄이는 방법을 배울 수 있어요

마지막으로 이 책은 아이가 직접 자기 신체와 감각을 사용하여 긴장을 해소하고 스트레스를 줄일 수 있는 다양한 활동을 소개합니다. 스트레칭과 요가, 마음챙김놀이, 좋은 수면을 위한 방법, 이완을 돕는 호흡법처럼 다소 어려운 개념도 아이의 시선에서 쉽게 이해할 수 있도록 친절하고 재미있는 방식으로 설명하고 있습니다. 처음에는 낯설게 느껴질 수 있지만, 꾸준히 하면서 익숙해진다면 아이가 두고두고 자신의 마음을 돌보고 부정적인 감정을 바꿀 수 있습니다.

이렇게 활용해 주세요

- 절대로 재촉하지 마세요. 짧고 단순한 활동이어도 아이에게는 자기 생각을 표현하는 중요한 활동입니다. 내면의 감정과 다양한 생각을 펼치려면 충분한 시간이 필요하다는 점을 꼭 기억하세요.

- 한글을 읽고 쓸 수 있다고 해도 자기 생각을 충분히 표현하기에 어려움을 느낄 수 있어요. 꼭 문장으로 쓰지 않고 단어를 나열해도 괜찮으며, 글쓰기를 어려워한다면 그림, 색깔, 형태와 같은 다른 표현 방식을 사용하도록 지도해 주세요.

- 아이가 원하는 양만큼만 할 수 있도록 지도해 주세요. 순서도 상관없습니다. 흥미를 보이는 활동이 있다면 먼저 해도 좋습니다. 다만 한꺼번에 많은 활동을 하면 효과를 충분히 얻기 어려우니 아이와 함께 적당한 양을 정하세요. 단 한 페이지를 하더라도 아이가 자신의 생각을 충분히 표현하는 것이 중요합니다.

- 아이가 책 속의 모든 질문과 활동에 흥미를 느끼거나 관심을 갖는 것은 아닙니다. 따라서 모든 활동을 잘 해내도록 강요하기보다는 아이가 어떤 질문에 반응하고 집중하여 활동하는지 관찰해야 합니다. 아이가 관심을 보인다는 것은 스스로 필요로 하는 질문일 가능성이 높기 때문입니다.

- 이 책은 아이가 감정을 자유롭게 표현할 수 있는 안전한 공간이 되어야 합니다. 아이가 쓴 내용이나 표현 방식, 단어 등을 지적하거나 이유를 되묻지 마세요. 있는 그대로 공감하는 것이 중요합니다. "너는 이런 생각을 했구나?", "이런 것을 잘 못한다고 느꼈구나."라고 아이를 인정하고 가볍게 넘어가 주세요.

- 일정 시간이 지나면 아이가 좋아했던 활동을 다시 해 보세요. 한 번의 활동도 의미가 있지만 아이가 성장함에 따라 새롭고 다양한 경험을 하게 되고, 이에 따라 갖게 되는 생각과 감정도 달라지기 때문입니다. 전에는 관심이 없었거나 하지 않았던 활동을 다시 꺼내어 시도해 보는 것도 좋습니다.

- 직접 만들고 경험하는 활동을 아이가 직접 할 수 있도록 기회를 주세요. 건포도나 초콜릿을 충분히 느끼기, 감정을 가라앉히는 은하 만들기, 마음 회복 상자 만들기, 조약돌 만들기 등의 활동은 글로 쓰거나 그림을 그리는 것과는 또 다른 효과가 있답니다.

- 책에 아이가 작성한 내용은 아이를 이해하는 훌륭한 도구가 됩니다. 글로 쓴 것, 그림이나 색깔로 표현한 것 속에는 아이의 마음이 그대로 담겨 있기 때문입니다. 부모는 아이가 활동한 내용들을 살펴보며 아이가 어떤 고민을 하고 있는지, 왜 자신감이 떨어졌는지, 듣고 싶은 말과 받고 싶은 대우는 어떤 것인지, 어떤 활동이 도움이 되는지 알 수 있습니다. 아이의 마음을 온전히 이해하고 꼭 필요한 반응을 해 줄 수 있도록 적절히 활용하세요.

부모와 아이가 행복해지는 마음 습관

건강한 마음과 생각은 아이뿐만 아니라 부모에게도 꼭 필요한 조건입니다. 육아의 어려움에 휘둘리지 않고 힘있는 양육을 하기 위해서는 부모 역시 자신감이 필요합니다. 많은 부모는 아이를 훈육할 때 '어떻게 훈육해야 하는가?'에 초점을 두지만, 이보다 더 중요한 것은 바로 부모가 '양육에 대해 얼마나 확신을 갖고 자신감 있게 실행하고 있는가'입니다. 아이는 부모의 말투나 행동, 표정, 목소리, 분위기 등 많은 부분에서 영향을 받습니다. 부모가 자신감 있는 태도로 양육에 임할 때 아이는 더욱 안정감을 느끼고 부모가 전달하는 메시지를 분명하게 알고 받아들일 수 있습니다.

또한 부모의 삶에 대한 긍정적인 태도는 아이의 본보기가 됩니다. 아이는 우리 생각보다 훨씬 더 많이 부모를 관찰하고 따라합니다. 부모의 실패나 좌절, 고통을 무조건 감추기보다, 어려운 상황을 건강하게 해석하고 극복하는 모습을 보여 주는 것이 더 큰 배움이 됩니다. 아이에게 "긍정적으로 생각해봐", "부정적인 생각을 멈추고 성공했던 것을 떠올려봐"라고 말로 가르치는 것보다 부모가 같은 방식으로 생각과 행동을 바꾸는 모습이 더 훌륭한 교육적 효과를 가져옵니다.

부모 스스로 자신감을 높이기 위해 어떠한 노력을 할 수 있을까요?

1. 양육의 '기본'을 배우세요

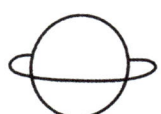

'기본'을 배우는 것은 자신감을 갖는 데 큰 도움이 됩니다. 여기서 양육의 기본이란 '아이의 발달 시기별 행동 특성', '아이의 행동을 다루는 기본적인 훈육법', '아이와 상호작용하는 기초적인 방법' 등을 말합니다. 물론 양육에 대한 지식을 배우는 것이 전부는 아닙니다. 때론 '현실 육아는 책과 달라!'라고 외치기도 하지요. 말 그대로 지식을 안다고 해서 양육이 갑자기 쉬워지는 것은 아닙니다. 하지만 기본을 갖추었을 때, 아이의 행동을 더 잘 이해하고 받아들일 수 있습니다. 예를 들어, 8세 아이의 발달 상황과 행동 특성에 대해 잘 안다면, 아이의 어떤 행동이 나의 부족함이나 단점 때문이 아니라 발달 시기에 따른 자연스러운 모습이라는 것을 알게 됩니다. 먼저 기본을 배우세요. 양육에 대한 자신감과 자존감을 지킬 수 있는 지름길이 될 것입니다.

> **다랑쌤의 Pick** 『아이 마음에 상처주지 않는 습관』, 『10대 놀라운 뇌 불안한 뇌 아픈 뇌』와 같은 책을 통해 아이의 발달 과정을 배우고 이해할 수 있어요. EBS 육아 다큐멘터리 시리즈를 총망라한 『육아 불변의 법칙』도 추천합니다.

2. 나 자신의 강점을 찾으세요

부모의 역할을 수행하며 엄마와 아빠는 자꾸 자신의 부족한 점만 발견합니다. 다른 부모와 비교하며 때로는 자괴감을 느끼기도 합니다. 하지만 부모는 내가 맡은 여러 역할 중 하나일 뿐입니다. 그래서 부모이기 전에 나 자신이 가지고 있는 강점을 잊지 말아야 합니다. 예를 들어, 새로운 것에 대한 호기심이 많은 부모는 아이에게 많은 자극을 줄 수 있지만, 너무 속도가 빨라 아이를 충분히 기다려 주지 못할 수 있습니다. 또 정보에 조금 뒤처지고 아이에게 새로운 경험을 주는 데는 미숙하지만, 아이가 차분하게 문제를 해결할 수 있도록 기다려 주는 부모도 있지요. 내가 가진 특성들은 부모로서 강점이 되기도 하고 약점이 되기도 합니다. 내가 가진 강점을 찾고 발전시키며 단점을 줄이고자 노력할 때 양육에 대한 자신감도 챙길 수 있습니다. 부모이기 전에 나라는 사람이 가진 강점을 발견하는 데 더 집중해 보세요.

> **다랑쌤의 Pick** MBTI 성격유형 검사와 같은 대중적인 심리검사뿐만 아니라 전문가에게 받을 수 있는 TCI 성격 및 기질 검사, 애니어그램 등의 검사는 나를 깊이 이해하고 내가 가진 다양한 특성을 발견할 수 있는 좋은 도구랍니다.

3. 다시 성취감을 느낄 수 있는 활동을 찾으세요

아이를 키운다는 것은 당장 눈 앞에 결과가 나타나는 일이 아닙니다. 아이가 매년 얼마나 성장했는지 명확하지 않고, 아이에게 쏟는 나의 노력이 언제 어떻게 열매를 맺을지 알 수 없습니다. 반복하면 익숙해지고 눈에 보이는 결과를 얻을 수 있는 일들에 비해 육아는 충분한 성취감을 얻기 어렵습니다.

양육에 매몰되면 자신을 돌아볼 시간과 기회를 잃습니다. 따라서 양육이 아닌, 성취감을 느낄 수 있는 다른 활동을 적극적으로 찾으세요. 되도록 목표는 쉽고 달성하기 쉬운 것으로 세우세요. 책을 많이 읽겠다는 목표 대신 '일 년에 두 권 읽기'처럼 달성 여부를 확인할 수 있는 목표를 세우는 것이 중요합니다. 만약 오랫동안 성취감을 느끼지 못했다면, 처음 목표는 간단한 것으로 설정하는 것이 좋습니다. 하나씩 성취하는 경험을 쌓으며 자신감과 자존감을 되찾으세요.

4. 완벽한 부모가 되려고 하지 마세요

　우리는 유튜브나 각종 방송, 서적 등 육아에 대한 정보가 넘쳐 나는 시대에 살고 있습니다. 대부분의 부모는 각종 육아 정보를 배우고 실천하며 완벽한 부모가 되려고 노력합니다. 물론 아이를 위한 노력은 꼭 필요하지만, 과도한 정보를 거르지 않고 그대로 받아들이는 것은 오히려 부모를 죄책감과 좌절에 빠뜨리기도 합니다. 소셜미디어상의 멋지고 완벽한 부모의 모습을 보며 끊임없이 비교하고, 거의 불가능에 가까워 보이는 대상을 기준으로 삼아 자기 검열을 하기도 합니다. 하지만 그 누구도 부모로서 완벽할 수는 없습니다.

　아이는 부모의 불완전함을 통해 부모에 대한 의지에서 벗어나 스스로 독립하려는 의지를 갖습니다. 그러니 자신을 너무 엄격하게 대하지 마세요.

　스스로에 대해 너무 엄격하거나 죄책감을 많이 느낀다면, 현재 나의 상황을 마치 다른 사람의 상황인 것처럼 생각하는 것도 도움이 됩니다. 나의 상황을 객관적으로 보는 연습은 자신을 조금 더 관대하게 바라볼 수 있도록 돕습니다. "누구나 그럴 수 있어", "그 정도면 충분히 노력한 거야", "그 대신 너는 이런 장점이 있는 부모잖아" 라고 다른 사람에게 해줄 수 있는 말을 자신에게도 해 주세요.

　누구도 완벽한 부모가 될 수는 없습니다. 있는 그대로의 자신을 사랑하고 부족한 부분도 관대하게 받아들이세요. 부모라는 이름 속에 감춰둔 자신의 진짜 마음을 찾아 부모와 아이 모두 행복해지기를 바랍니다.

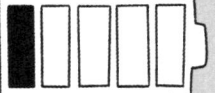